Schöner sparen

MIT DER UMSCHLAGMETHODE

BUDGETPLANUNG,
SPAR-CHALLENGES & MEHR

INHALTSVERZEICHNIS

50
20
10
5
BCE ECB ЕЦБ EZB EKP EKT EKB BCE EBC 2013
EURO
ΕΥΡΩ
ЕВРО

Vorwort

»Gib jedem Euro einen Sinn!«: So sollte jeder Gedanke beim Geldausgeben heißen – meiner Meinung nach.
Denn würden wir wirklich jeden Euro bewusst für das ausgeben, was uns unseren Zielen und unserem Wohlbefinden näherbringt, würden wir viel bessere und positivere Gefühle mit unserem Geld verbinden.
Das häufigste Argument bei Geld-Stress lautet: Dafür reicht unser Geld nicht / Das können wir uns nicht leisten. Dabei setzen wir jedoch oft einfach nur unsere Prioritäten unbewusst falsch. Und damit meine ich nicht, dass die Antwort für jeden gleich ist, sondern lediglich, dass wir zu viel Geld für etwas ausgeben, an das wir uns später nicht erinnern – aber das Konto ist trotzdem leer.
Und damit das in Zukunft anders wird, soll dieses Buch dir und deiner Familie Ideen bieten, wie du künftig mit deinem Geld besser haushaltest. Und wie das sogar richtig Spaß machen kann. Damit du noch einiges mehr für tolle Erlebnisse und schöne Dinge im Leben übrig hast und sogar Spaß daran bekommst, dich mit deinem Geld zu beschäftigen!

Also los, gib jedem Euro einen Sinn!

WIE FUNKTIONIERT DAS BUCH

Im ersten Kapitel erfährst du die Grundlagen der Budgetplanung und der Umschlagmethode.
Außerdem kannst du einen Test machen, der dir verrät, welchem Geld-Charakter du entsprichst und welche Methode für dich wahrscheinlich am einfachsten umzusetzen ist – und dir am meisten Spaß machen wird. Dann findest du passende Methoden und Details zu den einzelnen Themen einer Budgetplanung.

Im zweiten Kapitel wird es bunt und du bekommst viele Ideen und Umsetzungstipps zu den einzelnen Seiten eines Planers, wie du ihn dir individuell zusammenstellen und gestalten kannst und wie du auch digital eine Budgetplanung umsetzen kannst.

Im dritten Kapitel findest du tolle Sparspiele und Challenges, die es dir noch leichter machen, die wertvollen Euros für deine Ziele zur Seite zu legen oder die Motivation zu finden, auch mal zurückzustecken und weniger Geld für anderes auszugeben.

Tipp:

Immer wieder erhältst du auch Ideen, wie du die ganze Familie in die Budgetplanung miteinbeziehst und so mit deinen Liebsten an einem Strang ziehen kannst. Du erkennst diese Tipps an diesem Symbol:

Die digitalen Vorlagen zum Ausdrucken findest du in der DigiBib. Einfach im Impressum deines TOPP-Buchs den Freischalt-Code nachschlagen und exklusive Inhalte freischalten: TOPP-kreativ.de/digibib

Egal ob wir die weibliche oder männliche Schreibform verwenden, wir sprechen grundsätzlich alle Geschlechter an.

Die UMSCHLAG Methode

Mit der Umschlagmethode teilst du dein Geld in verschiedene Kategorien ein und entscheidest so, wofür du dein Geld ausgeben willst. Du kannst dir damit auch klare Sparziele setzen. Das geht mit physischen Umschlägen oder bei digitalen Ausgaben mit ein paar Ersatztricks. Daher auch mein Spruch: »Gib jedem Euro einen Sinn!«

Was ist die UMSCHLAGMETHODE?

Die Umschlagmethode steht dafür, dein Geld besser einzuteilen. Du nutzt z. B. Briefumschläge oder kleine Zipper-Taschen, beschriftest diese mit dem jeweiligen Zweck und verteilst dein Geld in bar auf die Umschläge.
Gehst du einkaufen, nimmst du den jeweiligen Umschlag mit und bezahlst daraus an der Kasse. Kaufst du für mehrere Kategorien ein, benötigst du die jeweiligen Umschläge – oder musst später das Geld entsprechend umschichten.
Mittlerweile gibt es noch viele weitere Ideen, diese Methode zu nutzen – und auch einige Hilfsmittel, wie man die Aufbewahrung optimieren kann. Und natürlich kreative Ideen, um dein Geld bunter und ansprechender zu verwalten. Dazu findest du auf den nächsten Seiten und im zweiten Kapitel noch mehr.
Du siehst, es gibt viele tolle Möglichkeiten, auf die wir in diesem Buch näher eingehen werden – und auch, wie du ohne große Ausgaben direkt starten kannst.

LIEBER OHNE BARGELD?

Wenn du viel mit Karte bezahlst und dir das Thema Umschläge und Bargeld gar nicht praktikabel erscheint, wirst du hier auch einige Alternativen finden, wie du eine digitale Budgetplanung erstellst und deine Kartenzahlungen und Abbuchungen im Blick behältst.

SO GEHT'S LOS

Dem Ganzen voraus geht noch eine wichtige Sache: Du musst wissen, wieviel Geld dir eigentlich zu Verfügung steht, welche festen (fixen) Ausgaben du jeden Monat hast und welche Ausgaben du ggf. vorsparen möchtest (planbare Kosten + Sparziele).

Der erste Gedanke für viele ist:

SCHRÄNKT MICH DAS NICHT SEHR EIN?

Ganz ehrlich: Eigentlich ganz und gar nicht. Du kannst ja jeden deiner verdienten Euros frei einem Budget deiner Wahl zuordnen.

Wenn du bisher eher zu viel Geld ausgegeben hast, wird es natürlich eine Umstellung sein, dich in einem festen Rahmen zu bewegen. Aber mal ehrlich: Du hast nun mal nicht mehr Geld zur Verfügung – also wenn du auf lange Sicht nicht (noch) einen Kredit aufnehmen bzw. endlich auch mal einen Notgroschen zur Seite legen willst oder auf etwas Größeres sparen möchtest, solltest du deine Ausgaben an deine Einnahmen anpassen.

Sag deinem Geld, was es für dich tun soll. Und dabei hilft dir die Umschlagmethode. Übrigens: Wenn du dich erstmal an diese Art der Geldplanung gewöhnt hast, wirst du plötzlich zusätzliches Geld zur Verfügung haben – einfach, weil du bewusster mit deinen Ausgaben umgehst und sogar weniger ausgeben wirst, als du eingeplant hast. So lässt sich z.B. auch der nächste Urlaub entspannter genießen.

Es gibt bestimmt noch viele mehr, hier meine TOP 7:

1. Ich gebe mein Geld bewusst aus und erlebe keine böse Überraschung am Ende des Monats.
2. Größere Ausgaben werden entspannt vorgespart und wir haben das Geld, wenn wir es brauchen.
3. Notfälle stressen mich finanziell nicht mehr – denn die Rettungskasse (so nennen wir unseren Spartopf für Unvorhergesehenes) ist immer gut gefüllt.
4. Wir haben als Familie das Tabuthema Geld aufgelöst und können alle gemeinsam planen und unsere Budgets gestalten.
5. Alle notwendigen Ausgaben im Laufe des Jahres sind vorgeplant und überraschen mich im Zahl-Monat nicht mehr.
6. Ich kann mich auf Feierlichkeiten und Geschenke-Aussuchen freuen, auch Urlaube und Freizeitaktivitäten machen viel mehr Spaß, weil ich das Geld dafür bereits in meinem Budget habe.
7. Die kreisenden Gedanken um Geld haben deutlich abgenommen. Ich denke mit Freude an den neuen Monat, statt Angst vor der nächsten Rechnung zu haben.

Test:
WELCHER GELDCHARAKTER BIST DU?

Kurz vorab: Bei diesem Test gibt es kein Richtig oder Falsch. Der Test ist auch keine tiefenpsychologische Einschätzung, sondern soll dir eine kleine Hilfestellung bieten, wie du eine vermutlich für dich bequeme Variante der Budgetplanung findest, an der du Spaß hast und die deinen Vorlieben entspricht.

	Ja	Nein
Du triffst Entscheidungen bewusst und denkst gerne noch eine Nacht darüber nach.	A	B
Du liebst es, spontan zu sein und im Moment zu leben.	B	A
Du nutzt gerne To-Do-Listen, schreibst deine Termine auf und schreibst vielleicht sogar Tagebuch.	A	B
Planen und Entscheidungen treffen, um deine Ziele zu erreichen, fühlt sich einengend für dich an.	B	A
Wenn du vorbereitet bist und weißt, was passiert, fühlst du dich sicher.	A	B
Du legst Wert auf das »Richtige« und bist bereit, darauf zu warten.	2	1
Du gehst Kompromisse ein, um dein Ziel schneller zu erreichen.	1	2
Du wägst Ausgaben gut ab und lässt dich von spontanen Angeboten nicht unbedacht reizen.	2	1
Du nutzt Sonderangebote, um dich großzügig einzudecken, kaufst dafür aber auch mal mehr, als du wolltest.	1	2

	Ja	Nein
Es fällt dir schwer, einfach mal spontan zu einer ungeplanten Ausgabe »Ja« zu sagen, auch wenn es etwas Schönes ist.	2	1
Klare Linien und wenig Schnick-Schnack sind genau dein Geschmack.	O	X
Du magst die Abwechslung / Dir wird schnell langweilig, wenn etwas immer gleich ist.	X	O
Du bevorzugst eine fertige Lösung vor einer kreativen Selbstkreation.	O	X
Du bastelst gerne und bist generell gerne kreativ.	X	O
Blumenmuster, Glitzer oder bunte Farben bringen dir Freude.	X	O
Fertige Vorlagen zum sofort Loslegen sind genau dein Ding.	O	X

Zähle, wie oft du jeweils geantwortet hast:

A: 3	B: 2	1: 5	2: 0	X: 2	O: 4

Welcher Wert hat die Mehrzahl der Antworten?

Dein Ergebnis:

A	1	O
A oder B?	1 oder 2	X oder O

Schau dir auf der Folgeseite an, welchem Geldcharakter du entsprichst und welches System für dich gut funktionieren dürfte.

TEST-AUSWERTUNG

Wenn du hauptsächlich A und 1 gewählt hast, bist du

Geldhörnchen

Wenn du hauptsächlich A und 2 gewählt hast, bist du

Geldeule

Wenn du hauptsächlich B und 1 gewählt hast, bist du

Geldphin

Wenn du hauptsächlich B und 2 gewählt hast, bist du

Geldguru

Generell können alle Charaktere eher kreativ (x) oder pragmatisch (o) unterwegs sein – das wäre dann die dritte Unterscheidung.

Was diese Charaktere bedeuten und was du für dich daraus mitnehmen kannst, liest du auf den folgenden Seiten.

Schau anschließend mal in die vier Methoden bzw. starte deine Budgetplanung mit einer, die deinem Charakter am besten entspricht.

Ein Hinweis: Es gibt hier kein Schwarz und Weiß – vielleicht bist du auch eher ein Mix aus mehreren Charakteren.

Geldhörnchen

STRATEGIE:

Du denkst gerne voraus, hast meist einen guten Plan und kannst gut Ziele stecken.
Dein Motto: Ein guter Plan ist die halbe Umsetzung.
Beim Thema Geld kannst du gut mit einem Plan in den Monat starten und freust dich, zu wissen, wieviel Geld dir für was zur Verfügung steht.
Der Gedanke, dass du ohne Reue Geld für deine liebsten Themen ausgeben kannst, gefällt dir gut.
Planer können gut mit verschiedenen Themen umgehen, tun sich aber manchmal schwer, wenn es um plötzliche Veränderungen geht.
Hier lohnt es sich, auch Puffer / Freiraum für Flexibilität zu berücksichtigen.

KAUFVERHALTEN:

Du gibst schon ganz gern Geld aus und freust dich, Schnäppchen zu ergattern.
Es fällt dir schwer, bei guten Angeboten im Rahmen zu bleiben, du schlägst dann eher über die Stränge.

Vielleicht hast du auch schon zugeschlagen und dann später festgestellt, dass du die Dinge gar nicht brauchen kannst (Schuhe für die Kids ein Jahr vorher im Angebot gekauft und dann passen sie doch nicht in der richtigen Jahreszeit) oder die Dinge wurden schlecht, bevor du sie nutzen konntest?

Geldphin

STRATEGIE

Nee, Strategie ist nicht dein Thema. Planen und alles im Voraus klar haben, fühlt sich eher nach kahlen Wänden und Langeweile für dich an. Du möchtest dich auch beim Thema Geld nicht in enge Rahmen quetschen lassen und suchst eher eine pragmatische Lösung.

Als Geldphin bist du eher ungebunden und individuell unterwegs. Zu viel Pläne und genaue Wege fühlen sich einengend an und du beschäftigst dich viel lieber mit deinen Hobbys und kreativen Ideen als mit schnöden Zahlen.

KAUFVERHALTEN

Du genießt dein Leben und möchtest möglichst viel davon erleben.
Allerdings verlierst du dabei öfter den Überblick und auf plötzliche Notfälle bist du nicht gut vorbereitet.

Deine Ausgeben-Laune hält bei Angeboten nicht an, und so kann es passieren, dass du mehr kaufst, als du brauchst oder dir leisten kannst. Es ist doch so eine gute Gelegenheit.

Geldguru

STRATEGIE

Als Geldguru gehörst du eher zur Spezies planlos. Naja, nicht ganz, aber du bist eben gerne spontan und magst nicht allzu viele Pläne und Regeln aufstellen. Dabei ist dir schon wichtig, dein Geld beisammen zu halten, und so hast du eigentlich immer einen Puffer im Hintergrund, der es dir erlaubt, entspannt zu bleiben.

KAUFVERHALTEN

Du entscheidest dich bewusst für größere Ausgaben und legst lieber etwas mehr zurück, als jeden Euro auf den Kopf zu hauen. Geld ist auch dafür da, deine Wünsche zu erfüllen, und dafür sparst du auch gerne längere Zeit an.

Dank deiner bedachten Ausgabe-Entscheidungen hast du eigentlich immer Geld zur Verfügung. Jedoch scheint es schneller zu verschwinden, als es dir lieb ist.

Geldeule

STRATEGIE

Du planst und sparst gerne und schaust dir ganz genau an, wofür du dein Geld ausgibst. Vielleicht bringt dir der Gedanke an zusätzliche Ausgaben sogar ein Grummeln in der Magengegend.

Dir ist eine sichere Zukunft wichtig, du weißt gerne, woran du bist.

KAUFVERHALTEN

Du schaust dir genau an, wofür du dein Geld ausgibst.

Dir fällt es eher schwer, Geld auszugeben und ein Kontostand unter Null ist keine Option für dich?
Dann gehörst du zur Spezies Sparer. Du fühlst dich wohl, wenn du möglichst viel für später zur Seite legen kannst.
Bist du auch eine Geldeule beim Geldausgeben? Legst du Wert darauf, möglichst viel für dein Geld zu bekommen?
Ist dir ein qualitativ hochwertiges Produkt wichtig, oder bist du eher für kostengünstige Alternativen?

Vielleicht verlierst du dich aber auch so sehr in deinem Spar-Gedanken, dass dir entgeht, dass du für dein Geld auch einen Mehrwert bekommst, wenn du es für Erlebnisse und Erfahrungen ausgibst.

X - KREATIV

Du magst es abwechslungsreich und bunt oder jedenfalls nicht 0-8-15.

Das (Um-)Gestalten von langweiligen Dingen ist genau dein Ding, du machst dir deine Welt, wie sie dir gefällt.

Deshalb sind Bastelutensilien, Sticker, Washi-Tapes und bunte Stifte überall da zu finden, wo du wirkst und planst. Auch dein Kalender und deine Budgetplanung sollen nicht nur weiße Seiten mit Zahlen, Daten und Fakten sein, sondern das Auge ansprechen und gute Laune verbreiten.

Für dich könnte ein Ringplaner oder ein Journal als Grundlage für deine Budgetplanung gut geeignet sein – du kannst die Seiten selbst gestalten und somit immer wieder individuell anpassen und dich nach Lust und Laune kreativ austoben.

O - PRAGMATISCH

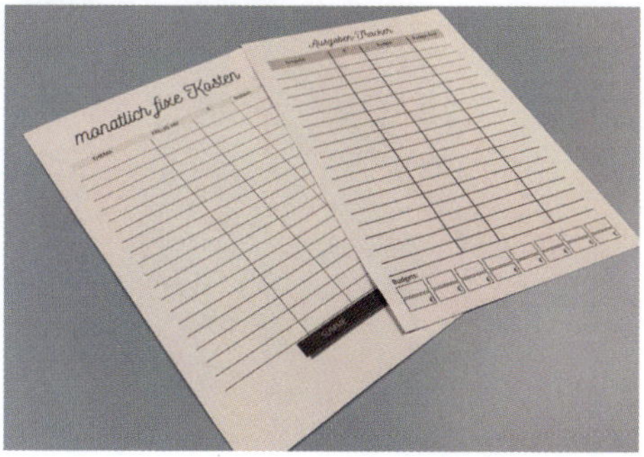

Du magst klare Linien und möglichst wenig Aufwand für notwendige Dinge.

Dein Budgetplaner gefällt dir, wenn du sofort loslegen und auf einen Blick alles sehen kannst, was du brauchst.

Aufkleber, unterschiedliche Seiten gestalten oder gar Motto-Monate sind dir zu viel – es darf gerne schlicht und einfach gehalten sein.

Für dich könnten dann die Druckvorlagen eine gute Möglichkeit sein, oder ein fertig gedrucktes Haushaltsbuch. So sparst du dir die Zeit zum Gestalten und kannst sofort zum Wesentlichen übergehen.

Stärken UND SCHWÄCHEN

DAMIT DU DICH GERNE MIT DEINEM GELD BESCHÄFTIGST, IST ES WICHTIG, DEINE STÄRKEN ZU NUTZEN UND METHODEN ZU FINDEN, DIE DU LANGE DURCHHALTEN KANNST.

Es bringt dir nichts, wenn du eine Methode wählst, die eher deine Schwächen herausfordert als deine Stärken zu nutzen. Deshalb stellen wir dir hier vier Methoden der monatlichen Ausgabenplanung vor, die unterschiedliche Charaktere eher ansprechend finden dürften.
Probiere gerne alle vier einmal aus - starte mit der Methode, die dir spontan am ehesten zusagt und daher am leichtesten fallen dürfte.

WELCHE METHODE EIGNET SICH FÜR DICH?

Jede davon kann mit der Umschlagmethode umgesetzt werden. Und natürlich kannst du sie kreativ – oder pragmatisch – gestalten:

KAKEIBO

MUST & FUN

WOCHENBUDGETS

THEMENBUDGETS

Kakeibo PRINZIP

Diese japanische Art der Haushaltsbuchführung basiert darauf, alle Ausgaben in vier Kategorien einzuteilen:

1. Unverzichtbar (Grundausgaben wie Miete, Medikamente, Lebensmittel ...)
2. Wünschenswert (Kleidung, Kosmetik, Geschenke ...)
3. Erlebnisse & Entwicklung (Bücher, Musik, Restaurantbesuche, Theaterbesuch, Konzertkarten, Kino, Kurse, Verein, Hobbys ...)
4. Extras & Unerwartetes (Elektronik, Renovierung, Urlaub (ggf. gehört das für dich zu 3), Reparaturen ...)

Diese Variante eignet sich besonders dann, wenn du keine speziellen Ausgabe-Kategorien hast, auf die du »aufpassen« musst.

Außerdem ist das ein sehr einfaches Prinzip, mit dem du auch prima starten kannst, um erstmal herauszufinden, wofür du dein Geld eigentlich so ausgibst.

KAKEIBO

ERLEBNISSE UND ENTWICKLUNG

Was ich besonders finde an diesem Prinzip ist die Kategorie Erlebnisse & Entwicklung. Ich habe bisher keine andere Planungsmethode gesehen, bei der viel Wert daraufgelegt wird, Geld für die persönliche Entwicklung und für Erfahrungen auszugeben. Dabei sind es gerade die Erlebnisse aus dieser Kategorie, die uns die meiste Freude und die schönsten Erinnerungen bringen.

Welche Ausgaben würdest du zu dieser Kategorie zählen und wie wichtig ist dir das?

Um dieses Prinzip umzusetzen, teilst du dein Geld auf vier Umschläge auf – entscheide selbst, wieviel jede Kategorie an Wert bekommt. Beispiele: Kurse, Weiterbildung, Reisen, Veranstaltungen …

Collect moments, not things.

Must & Fun
METHODE

DAS IST DIE PLANUNGSMETHODE FÜR ALLE, DIE AM LIEBSTEN KEINE ZEIT MIT IHRER PLANUNG VERSCHWENDEN WOLLEN UND DIESE GANZE BUDGETPLANEREI JETZT SCHON NERVIG FINDEN, BEVOR SIE ÜBERHAUPT BEGONNEN HAT!

Bei dieser Methode gibt es genau zwei Budgets:

»Must« – alles, was wirklich sein MUSS
Hier zählen alle fixen Kosten rein, auch Lebensmittel und Hygiene (solange es notwendige Ausgaben sind – Chips und neues Make-Up würde ich hier schon nicht mehr dazuzählen).

»Fun« – alles, wofür du dich entscheidest, weil du es jetzt so möchtest.
Hier gehören alle Ausgaben rein, die nicht ins »Must«-Budget passen. Wenn du dir ein neues Buch kaufst, essen gehst oder Geschenke einkaufst.

Einfach, oder?

Wochen BUDGETS

Vielleicht kennst du das von (deinen) Kindern oder dir selbst als Kind: Das Taschengeld am Anfang des Monats war am 5. bereits ausgegeben und die Zeit bis zum nächsten Geld war seeeeehr lang. Davor soll das Wochenbudget schützen.

Das macht nicht immer für alle Budgetkategorien Sinn: Du wirst wahrscheinlich nicht 4x im Monat zum Friseur gehen. Aber wer weiß?

Aber zum Beispiel für Lebensmittel kann ein Wochenbudget dir helfen, auch zum Ende des Monats noch Geld für einen Einkauf übrig zu haben.

Beispiel: Du hast 400 EUR Lebensmittelbudget. Gehst du bis zum 15. des Monats bereits für 350 EUR einkaufen, wird es dir vermutlich schwerfallen, die letzten beiden Wochen nur noch mit 50 EUR auszukommen.

Wenn du dir dagegen pro Woche ein Budget von 100 EUR setzt, wirst du viel bewusster einkaufen und hast am 15. weitere 200 EUR für den restlichen Monat übrig.

Tipp:

Diese Methode lässt sich auch prima mit anderen Methoden kombinieren. Du teilst dazu jede Kategorie einfach nochmal in Wochen des Monats auf.

Themenbudgets

KLASSISCHE UMSCHLAGMETHODE

Hier kommen wir jetzt zu der Variante, die du vermutlich unter Umschlagmethode kennst bzw. so verstehen die meisten die Umschlagmethode:
Für jeden Ausgabenbereich wird ein eigenes Budget erstellt – ein eigener Umschlag.

Wie du die Kategorien verstehst bzw. was für dich in die einzelnen Kategorien gehört, ist dabei ganz dir überlassen und jeder hat da seine eigene Strategie.

Du kannst z. B. Lebensmittel, Getränke und Hygiene jeweils einzeln als Budget festlegen – oder du siehst diese Ausgaben in einem Budget, z. B. unter »Haushalt«. Wichtig ist, dass für dich die Kategorien Sinn ergeben und du gerade für die Kategorien Budgets bildest, bei denen dir die Euros schon mal schnell durch die Finger gleiten. Zum Beispiel Bücher, Kosmetik, Deko oder Kleidung sind beliebte »übers Ziel hinaus« Kategorien.

HIER EIN PAAR IDEEN UND BEISPIELE FÜR WEITERE BUDGETS:

- Schule/Kindergarten
- Tanken
- Haare (& Nägel)
- Zeitschriften
- Kantine
- Spiele & Online-Games
- Kleidung
- Spielzeug
- Restaurant
- Freizeit
- Hobby
- Erlebnisse & Ausflüge
- Weiterbildung
- Fitness
- Gesundheit
- ...

Natürlich kannst du jederzeit Budgets hinzufügen oder künftig weglassen. Wichtig ist nur: Dein Geld musst du entsprechend umverteilen.

GIB JEDEM EURO EINEN SINN

Neben den monatlichen Ausgaben gibt es aber noch weitere Kategorien, für die du Umschläge / Budgets anlegen solltest: planbare Ausgaben (z. B. jährliche Zahlungen), neue Anschaffungen und Wünsche. Dazu jetzt mehr auf den nächsten Seiten.

Spartöpfe
SINKING FUNDS

Dabei kann ein Sinking Fund verschiedene Zwecke erfüllen:

PLANBARE AUSGABEN VORSPAREN

Du kannst damit kommende fixe Zahlungen ansparen (wer wurde schon von jährlichen Abbuchungen von Versicherungen und Co überrascht? *Hier ich*).
Indem du jeden Monat kleinere Beträge ansparst, kannst du entspannt solchen großen Zahlungen entgegenblicken.

Vielleicht hast du den Begriff Sinking Fund schon mal gehört. Manchmal wird auch von SF1 und SF2 gesprochen.
Egal, wie ausgefallen die Bezeichnungen sind, bei Sinking Funds geht es einfach darum, größere Beträge gezielt vorzusparen, also Spartöpfe zu bilden.

Neue ANSCHAFFUNGEN vorsparen

AUCH TOLL IST ES, MÖGLICHE KOSTEN VORZUSPAREN, DIE DU SCHON IN (WEITER) FERNE AM HORIZONT WINKEN SIEHST.

Sagen wir, du möchtest dich auf das Ableben deiner Waschmaschine vorbereiten - oder das Kinderzimmer wartet darauf, eingerichtet werden. Auch wenn vielleicht der Betrag noch nicht ganz klar ist, lässt sich mit einem Spartopf auch prima jetzt schon etwas für die kommenden Ausgaben tun.
Auch ein Schulbeginn kann das Portemonnaie deutlich reizen – oder wenn es nötig ist, für das neue Schuljahr ist einiges zu ersetzen).

Tipp:
Denk auch daran, einen Notgroschen anzusparen, der dich bei unvorhergesehenen Ausgaben absichert – ich nenne diesen Spartopf »Rettungskasse«.

WÜNSCHE VORSPAREN

Außerdem sind Sinking Funds großartig, um freudige Ereignisse anzusparen, selbst wenn sie vielleicht noch keinen konkreten Betrag haben – oder das Datum, an dem der Betrag benötigt wird, noch nicht ganz konkret feststeht.
Sagen wir, du möchtest dein Wohnzimmer renovieren oder du hast eine Reise vor und möchtest dafür eine ordentliche Urlaubskasse ansparen. Vielleicht planst du auch ein Fest und möchtest deiner Familie und Freunden einiges bieten.
Gerade für solche Wünsche macht es besonders Spaß, sich einen Umschlag zu gestalten, denn du kannst Bilder deines Ziels heraussuchen, aufmalen oder als Sticker drucken und hast es damit immer vor Augen.

Budget-Kategorien

ERKLÄRUNG

DIE EINZELNEN BUDGETS HABEN DEN SINN, DICH DABEI ZU UNTERSTÜTZEN, DEINE GESETZTEN ZIELE ZU ERREICHEN.

Das heißt:
Du entscheidest, wofür du jeden einzelnen Euro einsetzen willst.
Soll es im neuen Monat etwas Neues zum Anziehen sein? Möchtest du endlich aus dem Dispo raus? Wird es Zeit für ein entspanntes Wellnesswochenende? Oder möchtest du mit deiner Familie einen spannenden Kinobesuch erleben?
Vielleicht ist es aber auch der wachsende Puffer auf deinem Sparkonto, der dich wieder ruhiger schlafen lässt?

Ehrlich gesagt ist es vollkommen egal, welches Ziel du gerade hast oder welches Loch du zuerst flicken möchtest, mit der Umschlagmethode kannst du jedes Ziel greifbar machen und immer wieder neu entscheiden, welche Priorität du jetzt gerade mit dem nächsten Euro setzen willst.
Lege für jedes Ziel einen Umschlag an und entscheide dich jeden Monat neu für die Summe, die du diesem Ziel diesen Monat widmen willst.

Gib jedem Euro einen Sinn

Welche Kategorien BUDGETS sind sinnvoll?

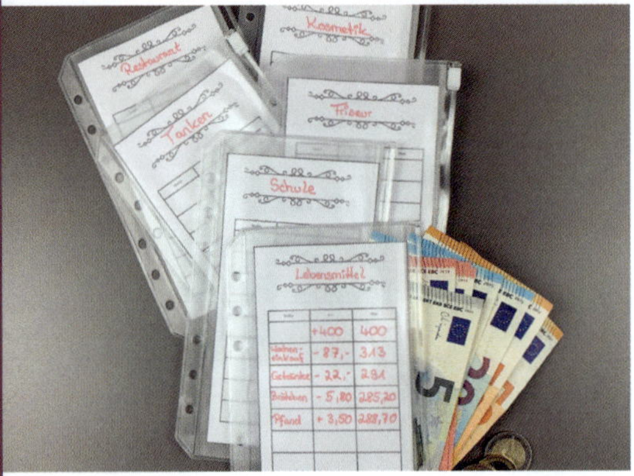

Schau dir dazu den Charakter-Test an, denn je nach Geld-Charakter magst du vielleicht eher pragmatische Budgets oder lieber etwas Individuelleres.
Für längere Ansparungen kann es natürlich zig Budgets geben: Kleidung, Urlaub, Geschenke, Klassenfahrt, Autoreparatur ...

Schau dazu gerne nochmal auf Seite 29 nach den Sinking Funds.

Kurz: Bilde Budgets für die Dinge, für die du im Monat mehrmals Geld ausgibst, und eigene Budgets für Ausgaben, bei denen du gerne den Überblick verlierst bzw. schon mal eher mehr Geld ausgibst, ohne darüber nachzudenken.

Auf diese Frage gibt es nicht DIE eine richtige Antwort.
Wenn du für bestimmte Ausgaben leicht aus dem Rahmen fällst, solltest du dafür ruhig auch mal ein eigenes Budget anlegen.
Ein paar typische Beispiele: Kleidung, Bücher, Spielzeug, Kosmetik, Deko ...
Innerhalb eines Monats gibt es z. B. Budgets für Lebensmittel, Hygiene, Haushaltsartikel, Kinder, Friseur, Freizeit, Restaurantbesuche, Schulzubehör, Geschenke, Kleidung, Arzt/Medikamente (ich nenne das gerne »Gesundheit«), Hobbys, Basteln, Tanken ...

Wohnen

	Monatlich	Betrag	Planbar	Betrag	Geplant im Monat
Miete (ggf. ohne Nebenkosten)					
Immobilienkredit					
Bausparbeitrag /-kredit					
KFW					
Weitere Kredite für das Eigentum					
Garage					
Nebenkosten					
Strom					
Gas / Heizung					
Wasser					
Hausratversicherung					
Gebäudeversicherung					
Weitere Versicherungen					
Grundsteuer					
Müllabfuhr					

Welche weiteren Ausgaben fallen dir zu dieser Kategorie ein?

Schreib sie gleich auf:

Transport

	Monatlich	Betrag	Planbar	Betrag	Geplant im Monat
Kredit /Leasing	☐		☐		
Versicherung	☐		☐		
Steuer	☐		☐		
Automobilclub	☐		☐		
TÜV	☐		☐		
Reparaturkosten	☐		☐		
Reifen & Verschleiß	☐		☐		
Sparrate für nächstes Auto / Motorrad / Fahrrad / E-Bike	☐		☐		
Tankkosten / Ladekosten	☐		☐		
Ölwechsel	☐		☐		
Waschanlage	☐		☐		
Zug-/Busticket	☐		☐		

Welche weiteren Ausgaben fallen dir zu dieser Kategorie ein?
Schreib sie gleich auf:

	☐		☐		
	☐		☐		
	☐		☐		
	☐		☐		
	☐		☐		

Gesundheit

	Monatlich	Betrag	Planbar	Betrag	Geplant im Monat
Medikamente	☐		☐		
Therapeutische Behandlungen	☐		☐		
Check-Ups	☐		☐		
Sanitärhaus	☐		☐		
Zahnbehandlungen	☐		☐		
Unfallversicherung	☐		☐		
Private (Zusatz)-versicherung	☐		☐		
Krankentagegeldversicherung	☐		☐		
Fitnessstudio	☐		☐		
Physiotherapie	☐		☐		
Brille / Kontaktlinsen	☐		☐		
Hörgeräte	☐		☐		
Vitamine & Nahrungsergänzung	☐		☐		

Welche weiteren Ausgaben fallen dir zu dieser Kategorie ein?

Schreib sie gleich auf:

	☐		☐		
	☐		☐		
	☐		☐		
	☐		☐		
	☐		☐		

Haushalt, Lebensmittel & Garten/Balkon

	Monatlich Betrag	Planbar Betrag	Geplant im Monat
Putzhilfe			
Renovierung			
Küchengeräte			
Blumen			
Dekoration			
Wohntextilien			
Gartengeräte			
Pflanzen			
Pflanzzubehör			
Balkon-/Terrassenmöbel			
Spielgeräte			
Reinigung			
Restaurant / Lieferservice			
Lebensmittel			
Getränke / Alkohol			
Süßigkeiten / Leckereien			

Welche weiteren Ausgaben fallen dir zu dieser Kategorie ein?

Schreib sie gleich auf:

Kinder

	Monatlich	Betrag	Planbar	Betrag	Geplant im Monat
Betreuungskosten					
Essensbeitrag Kita/Schule					
Klassenkasse					
Papierbeitrag					
Ausflüge					
Klassenfahrt					
Babysitter					
Nachhilfe					
Taschengeld					
Kleidung (oder in Kategorie Kleidung)					
Hefte, Schnellhefter, Stifte ...					
Förderverein					
Schulbasar u.ä.					
Baby:					
Windeln & Utensilien					

Welche weiteren Ausgaben fallen dir zu dieser Kategorie ein?

Schreib sie gleich auf:

Haustiere

	Monatlich		Planbar		Geplant im Monat
		Betrag		Betrag	
Futter	☐	______	☐	______	______
Medikamente	☐	______	☐	______	______
Versicherungen	☐	______	☐	______	______
Haftpflicht	☐	______	☐	______	______
Tierarztkosten	☐	______	☐	______	______
Impfungen	☐	______	☐	______	______
Zubehör	☐	______	☐	______	______
Leckerlis	☐	______	☐	______	______
Ferienbetreuung	☐	______	☐	______	______

Welche weiteren Ausgaben fallen dir zu dieser Kategorie ein?

Schreib sie gleich auf:

______	☐	______	☐	______	______
______	☐	______	☐	______	______
______	☐	______	☐	______	______
______	☐	______	☐	______	______
______	☐	______	☐	______	______

Hobbys & Fortbildung

	Monatlich		Planbar		Geplant im Monat
		Betrag		Betrag	
Vereinsbeiträge	☐		☐		
Versicherungen	☐		☐		
Trainingskleidung	☐		☐		
Nutzungsgebühren	☐		☐		
Freizeitfahrten	☐		☐		
Material	☐		☐		
Prüfungsbeiträge	☐		☐		
Fahrtkosten	☐		☐		
Kurs-/Teilnahmegebühren	☐		☐		
Bücher und Zeitschriften / Abos	☐		☐		
Jahreskarten	☐		☐		

Welche weiteren Ausgaben fallen dir zu dieser Kategorie ein?

Schreib sie gleich auf:

	☐		☐		
	☐		☐		
	☐		☐		
	☐		☐		
	☐		☐		

Kleidung

Je nach Bedarf kannst du die Ausgaben auch je Person aufschreiben, wenn z. B. der Verschleiß an Schuhen besonders hoch ist …

	Monatlich		**Planbar**		**Geplant im Monat**
		Betrag		Betrag	
Arbeit	☐	______	☐	______	________
Oberteile	☐	______	☐	______	________
Hosen	☐	______	☐	______	________
Unterwäsche	☐	______	☐	______	________
Schuhe	☐	______	☐	______	________
Jacken	☐	______	☐	______	________
Outdoor	☐	______	☐	______	________
Sport / Schwimmen	☐	______	☐	______	________
Schlafanzug	☐	______	☐	______	________
Reinigung	☐	______	☐	______	________
Reparatur	☐	______	☐	______	________

Welche weiteren Ausgaben fallen dir zu dieser Kategorie ein?
Schreib sie gleich auf:

____________	☐	______	☐	______	________
____________	☐	______	☐	______	________
____________	☐	______	☐	______	________
____________	☐	______	☐	______	________
____________	☐	______	☐	______	________

Haushaltsgeräte, Mobilfunk & Technik

	Monatlich	Betrag	Planbar	Betrag	Geplant im Monat
Handyverträge	☐		☐		
Internet	☐		☐		
TV-Verträge	☐		☐		
TV Streamingdienste	☐		☐		
Musik-Abos	☐		☐		
Smartphone	☐		☐		
Computer	☐		☐		
Software	☐		☐		
Datensicherung / Cloud	☐		☐		
Kabelanschluss	☐		☐		
Telefonanschluss	☐		☐		
Küchengeräte (Kaffeemaschine...)	☐		☐		
Waschmaschine, Kühlschrank, Herd	☐		☐		

Welche weiteren Ausgaben fallen dir zu dieser Kategorie ein?
Schreib sie gleich auf:

________	☐		☐		
________	☐		☐		
________	☐		☐		
________	☐		☐		
________	☐		☐		

Absichern & Steuer

	Monatlich	Betrag	Planbar	Betrag	Geplant im Monat
Steuerberater/Steuerhilfeverein					
Steuersoftware					
Steuerzahlungen					
Arbeitskraft absichern:					
Berufsunfähigkeit					
Krankentagegeld					
Unfallversicherung					
Lebensversicherung					
Rentenversicherung					
Pflegeversicherung					
Rechtschutzversicherung					

Welche weiteren Ausgaben fallen dir zu dieser Kategorie ein?
Schreib sie gleich auf:

Beauty & Hygiene

	Monatlich	Betrag	Planbar	Betrag	Geplant im Monat
Shampoo	☐	______	☐	______	________
Duschzeug	☐	______	☐	______	________
Badezubehör	☐	______	☐	______	________
Make Up	☐	______	☐	______	________
Haarfärbemittel	☐	______	☐	______	________
Körperpflege	☐	______	☐	______	________
Friseur	☐	______	☐	______	________
Nagel- & Fußpflege	☐	______	☐	______	________
Massage	☐	______	☐	______	________
Putzmittel	☐	______	☐	______	________
Toilettenpapier & Papierhandtücher	☐	______	☐	______	________

Welche weiteren Ausgaben fallen dir zu dieser Kategorie ein?

Schreib sie gleich auf:

________________	☐	______	☐	______	________
________________	☐	______	☐	______	________
________________	☐	______	☐	______	________
________________	☐	______	☐	______	________
________________	☐	______	☐	______	________

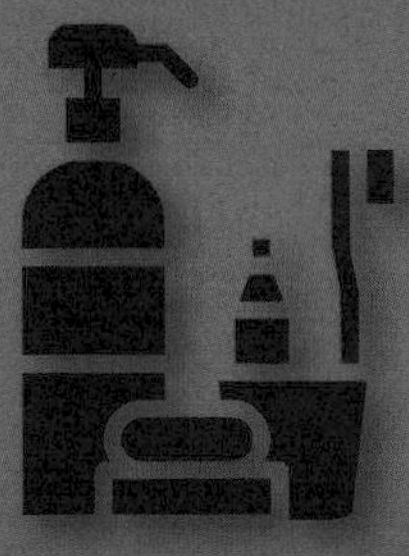

Freizeit

	Monatlich	Planbar	Geplant im Monat

Reisen / Urlaub

Hier kannst Du je eigene Kategorien bilden:

Sommerurlaub, Skiurlaub, Kurzurlaub,

Städtetrip, Wellness-Tag ...

	Monatlich: Betrag	Planbar: Betrag	Geplant im Monat
Urlaubstaschengeld			
Briefmarken & Karten			
Kino			
Konzerte / Musicals			
Spiele			
Restaurant-/Cafébesuche			
Zoo			
Museen			
Ausflüge			

Welche weiteren Ausgaben fallen dir zu dieser Kategorie ein?

Schreib sie gleich auf:

Spenden & Geschenke

	Monatlich	Betrag	Planbar	Betrag	Geplant im Monat
Spenden-Abos	☐		☐		
Kirchenbeiträge	☐		☐		
Patenschaften	☐		☐		
Geburtstage	☐		☐		
Ostergeschenke	☐		☐		
Weihnachtsgeschenke	☐		☐		
Namenstage	☐		☐		
Familienfeiern	☐		☐		
Hochzeitstag	☐		☐		

Weitere Sparziele & Kredite

weitere Sparziele, z. B. langfristige Sparziele oder große Wünsche für die Zukunft:

	Monatlich		Planbar		Geplant im Monat
Hochzeit	☐		☐		
Baby-Ausstattung	☐		☐		
Ausbildung der Kinder	☐		☐		
Führerschein	☐		☐		
Boot	☐		☐		
Weltreise	☐		☐		
Renten-Domizil	☐		☐		
Wohnmobil	☐		☐		
Kredite	☐		☐		
Kreditkarte	☐		☐		
Auto	☐		☐		
Möbel & Elektro	☐		☐		
Studium	☐		☐		
Konsum	☐		☐		

Schöner SPAREN

Das Auge SPART MIT

WIR WOLLEN JA SPASS BEIM SPAREN HABEN, ALSO LASS UNS MAL SEHEN, WIE DU DEINE ÜBERSICHTEN, PLANUNGS-SEITEN UND NATÜRLICH DEINE UMSCHLÄGE INTERESSANT UND ANSPRECHEND GESTALTEN KANNST.

Da nicht jede ein Zeichen-Genie ist – oder dir vielleicht auch die Zeit fehlt –, findest du hier drei Möglichkeiten und darin viele Varianten, deinen Budgetplaner für dich ansprechend zu gestalten.
Ob du ein Buch, einen einfachen Block oder einen Ringplaner nutzen magst, bleibt ganz dir überlassen. Zu Beginn brauchst du nur leere Seiten und vielleicht ein paar farbige Stifte.

Für mehr Platz – um weitere Dinge einzuheften, Quittungen zu sammeln, Vorlagen zu nutzen etc. – nutzen einige gerne einen Ringplaner.
Wenn du deinen Planer gerne mit Zeichnungen, Stickern und Washi-Tape aufpeppen möchtest, ist das Selbstgestalten eine gute Lösung, da diese Elemente Platz auf der Seite brauchen.

Falls dir das zu aufwändig ist und du gerne fertige Vorlagen nutzen möchtest, haben wir dir einige bereits digital fertig erstellt und du kannst sie einfach ausdrucken und ggf. weiter gestalten (siehe Seite 104).
Gerade wenn du eher digital unterwegs bist, werden dich diese Varianten besonders interessieren.
Egal wie kreativ du sein möchtest bei der Gestaltung, hier findest du ein paar gute Tipps dazu. Finde die für dich passende Lösung:
Mach es dir so schön, wie es dir gefällt.

Was braucht man FÜR DEN ERSTEN START?

Es braucht gar nicht viel, um mit dem ersten Monat Budgetplanung zu starten. Natürlich kannst du dir gleich zu Beginn alle möglichen Dinge kaufen, jedoch wirst du erst in ein paar Wochen/Monaten merken, was davon dir wirklich nützt. Daher, auch im Sinne des Sparens, fang erstmal klein an und finde heraus, was dich wirklich weiterbringt.

Nimm dir einen Block oder Planer und einen Stift und leg los.

Um das Geld auf die Budgets zu verteilen, kannst du einfache Briefumschläge nutzen. Wir haben dir tolle Druckvorlagen erstellst, mit denen du gerne auch direkt starten kannst.
Alle Infos dazu findest du ab Seite 104.

Getränke
Bücher
Gesundheit
Auto
Haushalt

Mit der Zeit wirst du feststellen, was du optimieren möchtest, oder anderes ausprobieren.

Was auf jeden Fall für die erste Zeit sinnvoll ist (ich würde es einfach generell so machen): Nutze einen radierbaren Stift oder erstelle deine Vorlagen so, dass sie abwischbar sind. Dazu findest du auf Seite 72 eine Anleitung.

Warum? Du wirst immer wieder Anpassungen machen wollen und dann wird es leichter, wenn du nicht gleich die ganze Seite neu schreiben musst.

Inhalte selbst GESTALTEN

DU BIST GERNE KREATIV UND WILLST DEINE FINANZPLANUNG MÖGLICHST INDIVIDUELL GESTALTEN? DANN IST DIES DEINE LÖSUNG.

Egal ob auf einem einfachen Block, in einem Notizbuch oder Ringplaner, alle Seiten sind leer und warten darauf, von dir kreativ gefüllt zu werden. Ob schlicht und klar oder mit Aufklebern und Washis bestückt – du kannst jeden Monat ganz nach deinen Wünschen gestalten und auch die Inhalte immer wieder neu überdenken.

Für den Aufbau deiner Seiten folgen ein paar Ideen – schau dir auch gerne die Druckvorlagen an, um dich inspirieren zu lassen.

Druckvorlagen NUTZEN

Für diejenigen mit weniger Zeit und/oder kreativer Muße sind Druckvorlagen eine sehr gute Lösung. Je nach Vorlage ist immer noch Platz für Kreativität – aber die Inhalte stehen schon mal fest und so findest du dich auf den Seiten auch schnell wieder zurecht.

Wir haben dir verschiedene Vorlagen erstellt, die du dir herunterladen und ausdrucken kannst.

Digital planen – TABELLENKALKULATION

Mit der Hand schreiben ist nicht deins oder du möchtest nicht immer wieder alles neu aufschreiben müssen?

Dann könnte eine digitale Planung deine Lösung sein. Dafür gibt es Planer in digitaler Form, Apps oder die Möglichkeit, sich eine Excel-Tabelle zu erstellen.

B	C	D	E	F	G
Januar	Fixe Ausgaben Summe pro Monat	Planbare Ausgaben diesen Monat	Gesamt	% von Ausgaben	% von Einnahmen
Wohnen & Transport	- €	- €	- €	0%	0%
Versicherungen	- €	- €	- €	0%	0%
Hobbies	- €	- €	- €	0%	0%
Kredite	- €	- €	- €	0%	0%
Abos & Sonstiges	- €	- €	- €	0%	0%
Summe	- €	- €	- €	0,00%	0,00%
Sparziele	- €	- €	- €	0%	0%
Summe	- €	- €	- €	0,00%	0,00%

Einnahmen	diesen Monat
Einnahmen monatlich fix	- €
Einnahmen zusätzlich (fix)	- €
weitere Einnahmen	
Verkauf XY	
Summe	- €

Budgets	0,00 €
Lebensmittel	
Friseur	
Haustiere Futter	
Kleidung	
Spielsachen	
...	
Rest	0,00 €

Einnahmen	- €
Ausgaben	0,00 €
Rest für Budgets	- €

Kredite | Abos & sonst. regelm. Zahlungen | Sparziele | Urlaube 2021 | Budgetplanung im Durchschnitt | **Budget Januar** | Bu

Digital planer-
PDF-READER

DANK WUNDERSCHÖNEN DIGITALEN PLANERN KANN MAN SICH HEUTE AUCH NOTIZBÜCHER DIGITAL ERSTELLEN UND GESTALTEN.

Dazu benötigt man ein PDF-Reader-Programm wie Goodnotes (IOS) oder Noteshelf (Androit) und eine Planervorlage (oder man erstellt sie sich selbst, auf Youtube findet man viele Videos dazu).
Der Planer funktioniert dann wie ein Notizbuch – die Seiten sind leer und lassen sich mit Grafiken im jpeg- oder png-Format befüllen und dann beschreiben.

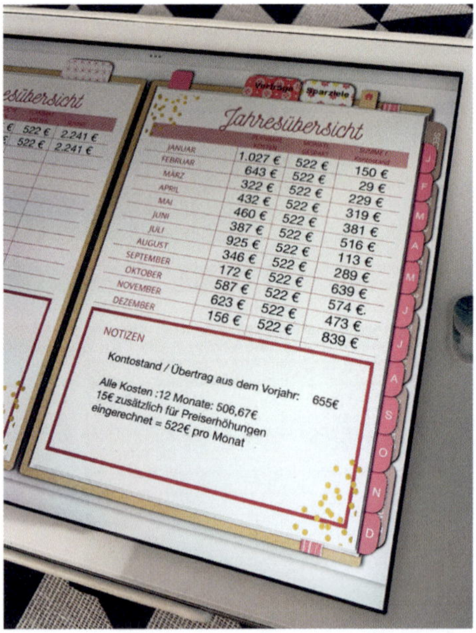

Das zu erstellen hört sich kompliziert an? Es gib diese Planer auch fertig erstellt zu kaufen.

Inhalte
DEINER SEITEN

Egal für welche Form du dich entscheidest, natürlich müssen die Seiten noch mit Leben gefüllt werden.
Auf den folgenden Seiten findest du daher Lösungen zu den verschiedenen Geld-Themen des Lebens. Du kannst sie natürlich deinen persönlichen Bedürfnissen anpassen, wie du magst, Themen ergänzen oder weglassen oder was dir so dazu einfällt.

Am Ende soll der Budgetplaner sich deinen Bedürfnissen angepasst haben und für dich und dein Leben alles beinhalten, was dir wichtig ist.
Scheu dich auch nicht, etwas für kommende Monate zu verändern, wenn es sich nicht gut anfühlt oder es doch unpraktisch für dich ist.
Vielleicht brauchst du auch einfach mal etwas Abwechslung, auch dann solltest du dir diese Freiheit nehmen und die Seiten einfach mal neu gestalten.

Tipp zur
FARBGESTALTUNG DER SCHRIFT
und Markierungen

Nutze bestimmte Farben für Themen und Ausgaben und wiederhole sie entsprechend. Dein Auge gewöhnt sich an die Farbgestaltung, und schon in kürzester Zeit erkennst du sofort, um welche Ausgaben es sich handelt.
So könntest du z. B. Geldeingänge in Gold markieren oder mit goldener Schrift schreiben. Alle Ausgaben rund um Wohnen in Blau, Lebensmittel & Co. in Grün und Freizeitausgaben in Pink. Ausgaben für die Haustiere in Braun und alles rund ums Auto in Rot.

Damit du nicht ständig beim Schreiben den Stift wechseln musst, empfehle ich dir, mit einer Farbe zu schreiben und dann den Text entsprechend mit Markern farbig zu kennzeichnen.

Ausgaben-Tracker

Ausgabe	€	Budget	Budget-Rest
Lebensmittel	52,83	Essen	347,17
Hygiene	12,95	Drogerie	27,05
Hundefutter	58,90	Tiere	21,10
Getränke	32,18	Getränke	17,82
Baumarkt	21,50	Zuhause	28,50
Physio	27,00	Gesundheit	53,00
Bäckerei	8,50	Essen	338,67
2 Jeans	108,00	Kleidung	92,00
Buch	9,90	Sonstiges	90,01
Lebensmittel	36,43	Essen	302,24
Friseur	29,00	Sonstiges	61,10
Scheibenwischer	22,85	Sonstiges	38,25

Budgets:

Essen	Getränke	Drogerie	Tiere	Kleidung	Zuhause	Gesund	Sonstige
400 €	50 €	40 €	80 €	200 €	50 €	80 €	100 €

Jahresübersicht

BEI DER ÜBERSICHT FÜR DAS KOMMENDE JAHR GEHT ES VOR ALLEM DARUM, DASS DU EINE GUTE GRUNDLAGE FÜR DEINE MONATSPLANUNG HAST.

Wenn du weißt, welche Ausgaben in welchem Monat zu berücksichtigen sind, fällt es dir viel leichter zu entscheiden, ob du diese Kosten in dem Monat stemmen willst oder lieber schon jetzt langsam darauf zusparen möchtest.
Dafür hast du in den Kategorien vor ein paar Seiten schon erste Gedanken festgehalten. Jetzt setzt du diese in Zahlen um.

Es macht in einigen Kategorien sogar viel Spaß, sich die einzelnen Posten im Detail anzusehen – zum Beispiel für den Urlaub. Und ja, auch die langweiligen, aber notwendigen Ausgaben sind jetzt dran, und ich kann dich so gut verstehen, dass das nicht immer Spaß macht.

Das Gute ist aber, dass du mit dieser Übersicht sooo viel besser mit deinem Geld klarkommen wirst und es sooo viel leichter hast.

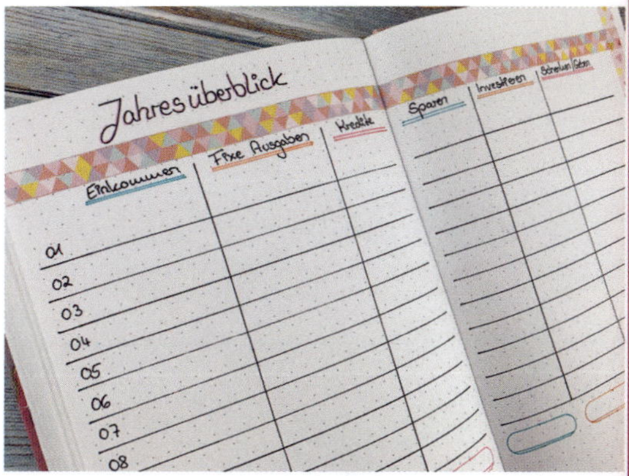

Weißt du, was außerdem toll ist? Du erstellst diese Übersichten vermutlich nur einmal, denn danach gibt es maximal kleinere Anpassungen, aber du musst dir die Arbeit nie wieder ganz von vorne machen.

Also: Kopf hoch, Krone richten und durch!

Fixe AUSGABEN

ALLE DEINE MONATLICH WIEDERKEHRENDEN AUSGABEN FINDEN HIER IHREN PLATZ.

Du musst diese Übersicht nur einmal erstellen und kannst sie jederzeit anpassen, falls notwendig. Hilfreich ist hier ein radierbarer Stift.

Wenn du einen Planer nutzt, lasse ein paar Zeilen Platz du kannst die einzelnen Einträge nach Themen ordnen und jeweils etwas Platz für neue Einträge lassen.

Planbare AUSGABEN

ALLE AUSGABEN, DIE PLANBAR SIND, ABER NICHT JEDEN MONAT BEZAHLT WERDEN, KÖNNEN IN DIESER ÜBERSICHT FESTGEHALTEN WERDEN.

Für diese Seiten solltest du mehr Platz einplanen, meist kommen im Laufe der Zeit noch weitere dazu.

Wenn du dich dazu entscheidest, diese Beträge vorzusparen, kannst du dafür eine kleine Berechnung einfügen.

Du kannst auch hier die Aufteilung nach Kategorien beibehalten. Zusätzlich macht es Sinn, festzuhalten, in welchen Monaten die Zahlungen anfallen und ob sich die Beträge dann jeweils unterscheiden.

Feierlichkeiten

Feste mit Familie und Freunden können ganz schön ins Geld gehen. Und auch wenn du eher klein feierst, lohnt es sich vielleicht, dafür schonmal etwas Geld zur Seite zu legen.
Auch für Einladungen zu Hochzeiten oder runden Geburtstagen werden die Ausgaben eher höher werden – eventuell möchtest du noch neue Kleidung oder brauchst vor Ort eine Übernachtung?
Alle diese Kosten kannst du natürlich im Monat des Geschehens einplanen – oder du sparst sie ebenfalls mit monatlichen Summen Stück für Stück zusammen.

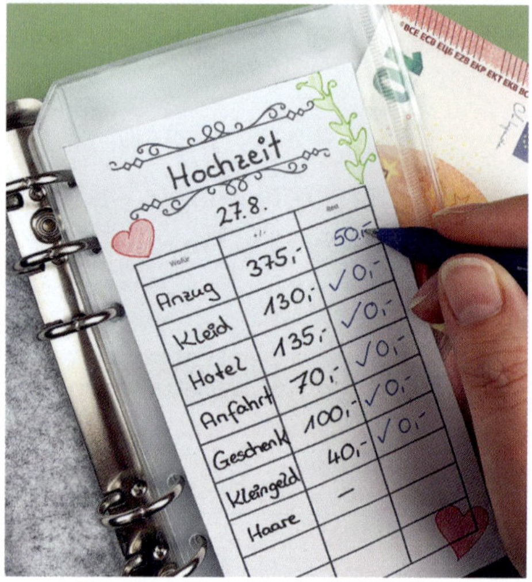

Urlaube

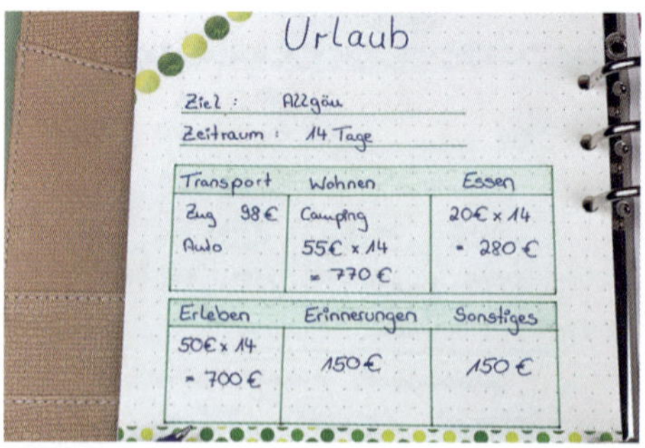

Ach herrlich, endlich mal den Alltag zuhause lassen und neue Eindrücke sammeln – und die Seele baumeln lassen.

Damit dein Urlaub auch finanziell entspannt bleibt – und du im Urlaub möglichst auch vom Geldplanen eine Pause nehmen kannst -, spare auch hier die Kosten für Unterkunft, Fahrtweg (oder Flugweg) und vor allem die Aktivitäten vor Ort mit monatlich keinen Summen zusammen.
Rechne eher mit einem größeren Taschengeld vor Ort, und freu dich am Ende des Urlaubs über eine Restsumme.

Geschenke

Damit du bei Einladungen und Feiertagen nicht ans Geld denken musst, lohnt es sich, auch hier etwas vorausschauend zu planen.

Notiere die Menschen, denen du zum Geburtstag und zu Feiertagen Geschenke machen möchtest und überlege, welche besonderen Feiern anstehen könnten.

Wird ein Baby erwartet, rundet die Tante oder feiert die beste Freundin ihre Hochzeit?

Vielleicht wird auch das Nachbars-Baby getauft oder das Patenkind eingeschult.

Mit Freude schenken

Hast du einen Betrag im Kopf, den du maximal pro Geschenk ausgeben möchtest? Summiere alle Beträge und teile sie durch 12 Monate. Lege dieses Geld zur Seite und freu dich schon darauf, entspannt zum Geschenke-Shopping zu starten.

Achtung: Sollten in naher Zukunft größere Ausgaben anstehen, musst du ggf. jetzt etwas mehr einplanen, als wenn noch 12 Monate Zeit ist.

Monatsübersicht

DAMIT DU DEINE WICHTIGSTEN ZAHLUNGEN IM KOMMENDEN MONAT IM BLICK HAST, BIETET SICH EINE ÜBERSICHT PRO MONAT AN.

Diese Seite eignet sich besonders für die Übersicht der anstehenden Abbuchungen (aus deiner Jahresübersicht der fixen und planbaren Kosten), zur Erinnerung an Überweisungen und für ungeplante Ausgaben.

Theoretisch könntest du auch gleich hier alle deine alltäglichen Ausgaben notieren, wenn du z. B. einkaufen gegangen bist oder etwas online bestellt hast. Meist wird der Platz aber zu knapp, daher findest du dafür eine eigene Seite.
Die Monatsübersicht kann dich dabei unterstützen, Änderungen bei Zahlungen zu notieren, um sie am Ende des Monats in deiner Jahresübersicht anzupassen bzw. deine Sparrate für planbare Kosten anzupassen.
Dazu kannst du bei erfolgter Abbuchung den Betrag abhaken oder z. B. mit einer zweiten Farbe markieren, dass sich etwas geändert hat.

Tipp:
Nutze diese Seite auch für Motivation, Notizen und kleine Challenges.

Du kannst diese Seite der Monatsübersicht aber auch für Notizen zu besonderen Ereignissen oder besonders stressigen Tagen nutzen – und schon mal gedanklich vorplanen, was du dafür noch erledigen oder besorgen musst oder welche Dinge besonders zu beachten sind, die nicht automatisch abgebucht werden.

Muss z. B. ein Buch rechtzeitig zurück zur Bücherei, um Strafgeld zu vermeiden, eine Rechnung überwiesen werden oder steht die Zahlung in die Abteilungskasse an? Hier könntest du eine »No Spending« Challenge angehen – also einen ganzen Tag kein Geld ausgeben.

Deinen Planer gestalten

BUDGETPLANUNG des Monats

Wie du ja schon weißt, ist das Herzstück für mehr finanzielle Möglichkeiten die Budgetplanung jeden Monat. Und so kannst du deine Seite dafür übersichtlich gestalten:

Starten wir mit deinen Geldeingängen
Hier kommt alles rein, wofür du in diesem Monat mit Geld rechnest – eine extra Zeile für möglichen Geldsegen (z. B. für verkaufte Gegenstände oder für unvermutete Geldgeschenke).
Mit einer Spalte für »Geplant« und »Erfolgt« kannst du im Laufe des Monats bzw. zum Monatsabschluss notieren, was sich ggf. anders ergeben hat, als du geplant hattest.

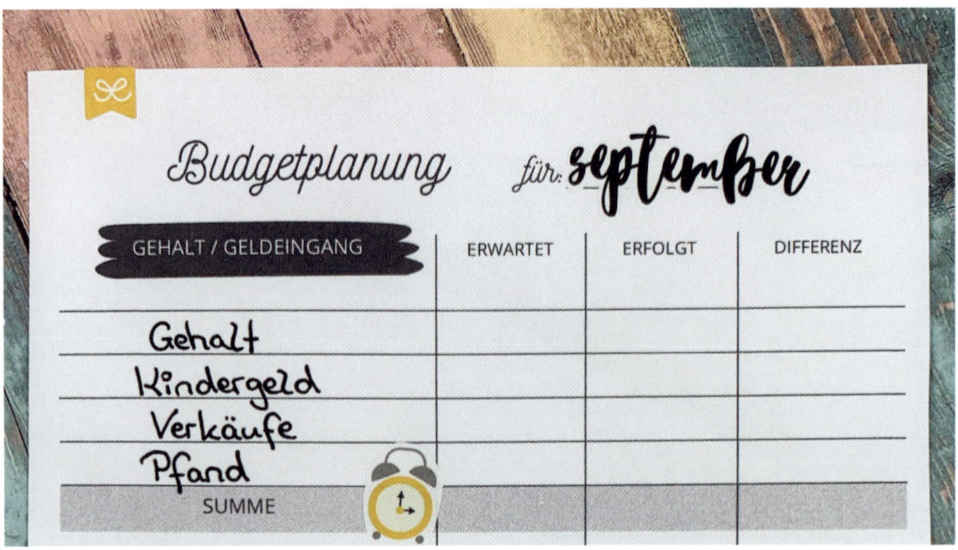

Kontostände
& STAND DER SPARZIELE

Ja klar, wir wollen doch wissen, wie unsere Sparziele wachsen – besser gesagt, wie wir der Ziellinie immer näherkommen.
Dafür hast du eventuell eigene Seiten gestaltet – aber vielleicht möchtest du sie dennoch in der Monatsübersicht festhalten.
Und es schadet auch nichts, die Kontostände des Girokontos und möglicher Kredite im Blick zu behalten.
Wenn du einen Überblick über den Stand deiner Konten und deiner Spartöpfe gut findest, kannst du sie so in deine monatliche Übersicht aufnehmen und den Kontostand zum Monatsbeginn und Monatsende festhalten.
Mit dieser Übersicht kannst du beides notieren und damit auch prüfen, ob du alle Zahlen des Monats notiert hast.

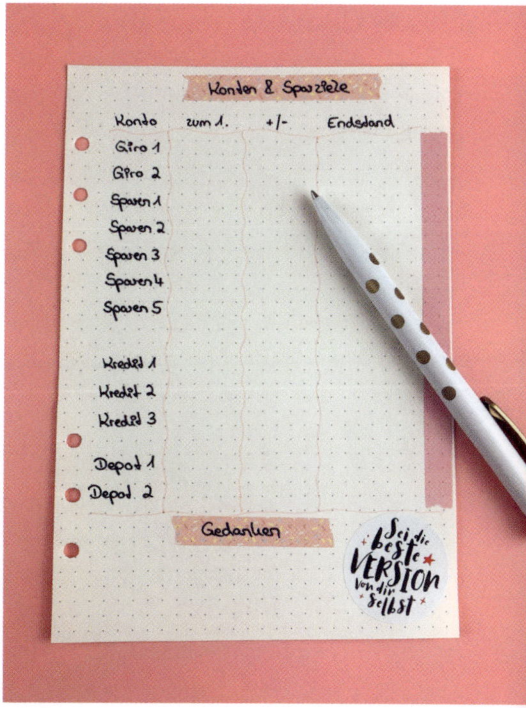

Fixe (monatliche) UND PLANBARE Ausgaben & Sonderausgaben

Du weißt ja schon, wie hoch deine monatlichen Fixkosten sind. Diese musst du jetzt natürlich noch von deinen Einnahmen abziehen. Außerdem die planbaren Kosten des Monats.
Ob du diese Euros in Bar in Umschläge legst oder einfach auf dem Konto (oder einem Extra-Konto) ansparst, ist deinen Vorlieben belassen. Du kannst natürlich für jeden Posten einzelne Spartöpfe anlegen – oder einfach alles unter monatliche bzw. planbare Ausgaben zusammenfassen.
Zusätzlich gibt es doch irgendwie jeden Monat besondere Ausgaben zu berücksichtigen. Für diese kannst du dir hier gleich noch Platz schaffen und so vermeiden, dass du das Geld dafür woanders einplanst.

Summe ziehen –
WIEVIEL BLEIBT?

Für den nächsten Schritt willst du wissen, wieviel von deinen Einnahmen noch übrigbleibt, um dann damit deine Budgets zu füllen.

Budgets

Jetzt kommt das wirklich Spannende: Welche Budgets hast du in diesem Monat?

Welche Sparziele möchtest du diesen Monat (zusätzlich) besparen, welche Beträge sollen auf mögliche Kredite eingezahlt werden ... Mit dem Motto »Gib jedem Euro einen Sinn« verteilst du den oben berechneten Restbetrag auf die Budgets.

Familien-Tipp:
Lass die Kinder mit entscheiden, oder lass sie eigene Umschläge für ihr Taschengeld erstellen. Das fördert nicht nur den Umgang mit Geld, sondern lässt sie auch an diesen wichtigen Familienentscheidungen teilhaben.

Budgetumschläge

& BARGELDLOSE ALTERNATIVEN

Briefumschläge sind die schnellste Variante, mit denen du sofort starten kannst. Dafür kannst du weiße Briefumschläge nehmen und sie beschriften, oder werde kreativ mit bunten Umschlägen.

Alternativ dazu gibt es fertige Druckvorlagen, die oft schon schön gestaltet sind. Dabei bist du dann ggf. auf die Budgets festgelegt, die bereits aufgedruckt sind, oder du ergänzt sie um eigene Budgets. Schau auf Seite 72, wie du Papierumschläge haltbarer und wiederverwendbar machen kannst.

Nutze die Rückseite der Umschläge, um deine Ausgaben für das jeweilige Budget festzuhalten, und behalte so den Überblick über den restlichen Inhalt.

Kunststoff-Umschläge mit Druckknopf halten deine Euros meist stabiler zusammen als Papierumschläge. Es gibt sie oft in bunten Mehrfach-Packs, und damit kannst du dir das Beschriften ggf. sogar ganz sparen.

Der Nachteil hierbei ist, dass du den Inhalt nicht sehen kannst und ggf. auch keine Möglichkeit hast, auf dem Umschlag ersichtlich zu machen, wieviel Geld noch übrig ist.

Zipper-Taschen sind eine gute Lösung, wenn du sowieso vorhast, einen Ringplaner zu nutzen. Sie können leichter mit Münzen bestückt werden und halten trotzdem alles zusammen. Hier ist der Vorteil, dass die Gefahr, dass das Geld herausfällt, deutlich geringer ist als bei den Umschlägen.

Bargeldlose Budgets mit Spielgeld kannst du prima nutzen, wenn du auch mal mit der Karte bezahlst – oder generell mit Karte einkaufen gehst.
Das funktioniert so: Du verteilst Spielgeld auf die Umschläge bzw. die Budgets und nimmst die Münzen/Scheine einfach raus, wenn du dafür eingekauft hast. Und da du diese Variante auch mit Bargeld kombinieren kannst, ist sie für einen Mix zwischen Bargeld und Kartenzahlung gut geeignet.

100% bargeldlose Budgets kannst du auch mit den Zipper-Einlagen bzw. einem Ausgaben-Tracker umsetzen. Dafür schreibst du je Budget die Summe auf, die du für dieses eingeplant hast, und ziehst jede Eingabe davon ab. Du kannst dafür auch eine App benutzen, es gibt einige, die diese Funktion ermöglichen.
Hier ist wirklich wichtig, jede Ausgabe sofort zu notieren und auch beim Einkaufen die Restsumme zu kennen, damit du nicht erst nach dem Einkauf feststellst, dass das Budget bereits ausgeschöpft ist.

Bargeldlose Budgets mit Unterkonten sind super, wenn deine Bank sogenannte Unterkonten ermöglicht. Das bedeutet, dass du innerhalb deines Girokontos eigene »Budgetkonten« anlegen kannst und so bei jeder Zahlung entscheidest, von welchem Unterkonto dieser Betrag abgebucht werden soll.
Hierbei ist es dann wichtig, dass du nicht zusätzlich noch Bargeld abhebst bzw. dieses entsprechend einplanst. Sonst kann es schnell passieren, dass du zwar noch Geld in deinen Budgets hast, das Konto aber dennoch im Minus ist.
Natürlich hilft es dir nicht unbedingt beim Sparen, wenn du für jedes Konto extra Geld bezahlen musst. Frag einfach mal bei deiner Bank nach den Möglichkeiten.

Papierumschläge GESTALTEN

Auf deinen Umschlägen sind ein paar Dinge wichtig:

BUDGETKATEGORIE

Wofür willst du den Inhalt dieses Umschlags nutzen?

AUSGABEN

Nutze die Rückseite, um die Entnahmen (also deine Ausgaben) darauf zu notieren. Das hilft dir im Laufe des Monats dabei, zu verstehen, wofür du dein Geld ausgegeben hast.
Nutzt du einen Ausgabentracker in deinem Planer, kannst du natürlich auch darauf verzichten, alles doppelt aufzuschreiben.

BUDGETBETRAG

Wenn du nicht nur sehen willst, ob noch Geld übrig ist, sondern auch die Summe, kannst du auf dem Umschlag dein Startguthaben notieren.

Und dann kannst du den Umschlag natürlich so kreativ gestalten, wie es dir gefällt.

Haltbar oder WIEDERVERWENDBAR MACHEN

Du brauchst:

- Briefumschläge oder ausgeschnittene Druckvorlagen
- Klebefolie
- Ggf. einen Klebestift (wenn du Druckvorlagen fertigstellen willst)

Drucke die Umschlagvorlagen aus oder beschrifte fertige Umschläge mit den Ausgabe-Tabellen. Werde kreativ und erstelle deine Wunschumschläge. Ggf. lässt du die Budgetbezeichnung weg, um sie erst danach anzubringen (so kannst du die Budgetkategorien je Umschlag im Nachhinein ändern).

Lege die Druckvorlage mit der zu beschriftenden Seite nach oben auf den Tisch. Achte dabei darauf, dass die Klebefügel eingeklappt sind (diese wollen wir nicht mit Folie bekleben).

Jetzt klebst du die Klebefolie auf die Außenseite des Umschlags. Bei einem fertigen Briefumschlag fängst du am besten auf der Rückseite an, klappst den Umschlag um und endest an der Lasche.

Du kannst vorab die Klebefolie etwas zurechtschneiden, damit du nicht mit der ganzen Rolle hantieren musst.

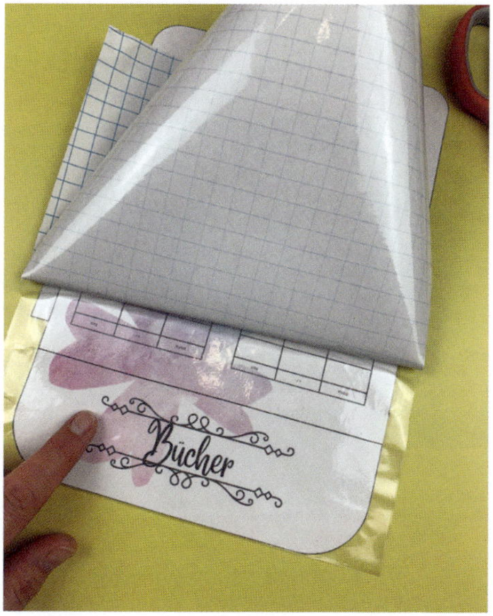

Schneide die überstehende Folie ab und drücke die Folie nochmal mit einem Lineal oder einer Plastikkarte überall fest. Wenn du eine Druckvorlage beklebt hast, klebe jetzt den Umschlag zusammen.

Jetzt kannst du den Umschlag mit einem abwischbaren Folienstift beschriften und benutzen.

Natürlich kannst du auch alle anderen Formate auf diese Weise wiederbeschreibbar machen und z. B. für Spar-Challenges-Vorlagen immer wieder nutzen.

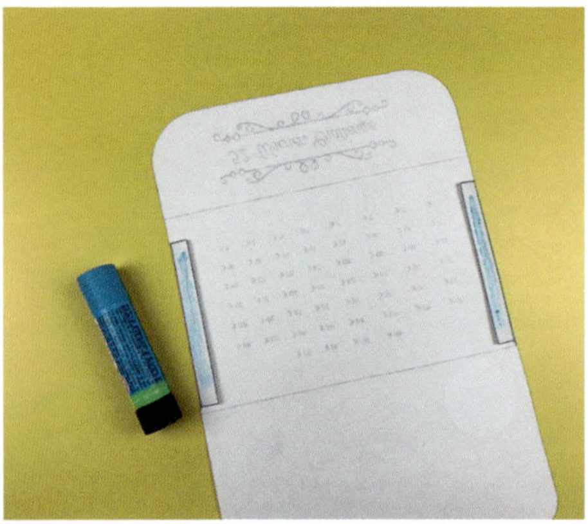

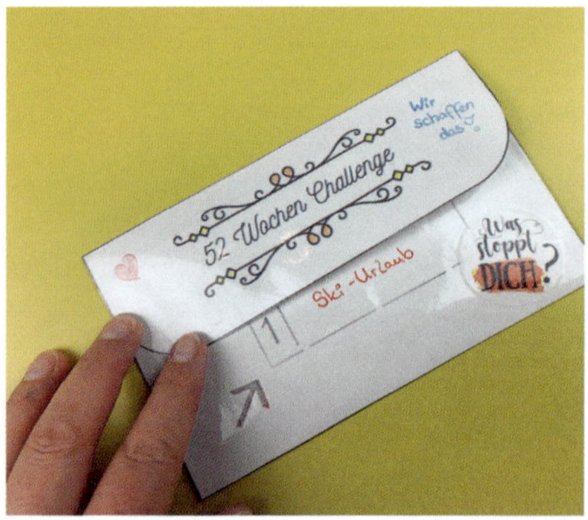

Zipper-
TASCHEN

EINLAGEN GESTALTEN

Ob du die Zipper-Taschen mit ihrem Zweck beklebst oder Einlagen beschriftest, ist ganz dir überlassen. Vielleicht möchtest du sie auch noch kreativer gestalten - evtl. mit deinen Kindern zusammen?

Umschläge & Zipper

UNTERWEGS

Es soll ja möglichst leicht sein, mit den Budgets einkaufen zu gehen. Das funktioniert auch mit Umschlägen, wenn man etwas aufpasst, wie man die öffnet. Tatsächlich ist es da mit verschließbaren Umschlägen und Zipper-Taschen etwas leichter als mit gedruckten Papierumschlägen.

ALTERNATIVE: KELLNER-PORTEMONNAIE ODER FÄCHER-TASCHE

Diese Fächertaschen oder auch ein Kellner-Portemonnaie sind ebenfalls eine praktische Lösung, um die Budgets einzuteilen und trotzdem alle dabei zu haben.

AUSGABEN FESTHALTEN

Auf diese Weise hältst du nun alle Einkäufe und Bestellungen fest, damit du auch im Blick behältst, wohin dein Geld geht und wieviel noch übrig ist.
Dazu kannst du je Budget eine eigene Seite nutzen oder alle Ausgaben gemeinsam aufschreiben und jeweils das Budget daneben notieren.

Wenn du mit Umschlägen oder Zipper-Einlagen arbeitest, kannst du natürlich auch die Ausgaben direkt auf den jeweiligen Umschlägen vermerken bzw. auf den Einlagen für die Zipper-Taschen.
Der Vorteil beim Notieren auf Extra-Seiten ist, dass diese Informationen bestehen bleiben, während du die Ausgaben auf den Umschlägen ggf. wieder wegwischst, um die Vorlage erneut zu nutzen.

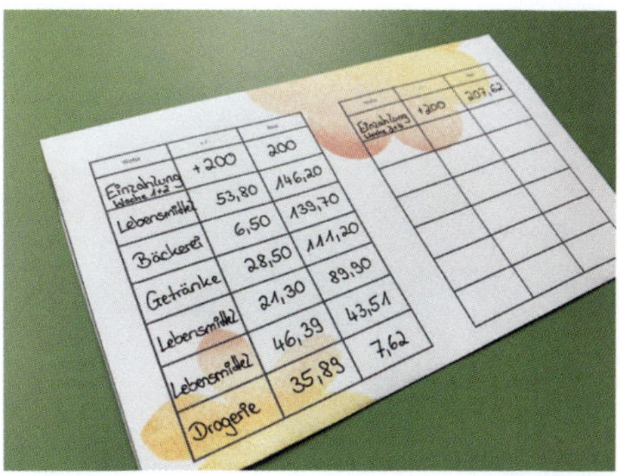

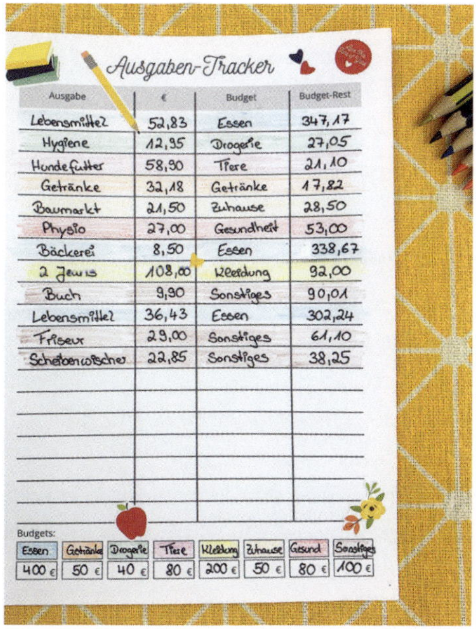

Familien-Tipp:
Binde auch deine Kinder mit ein, lass sie teilhaben, wohin das Geld gegangen ist und wie viel noch Rest bleibt. Somit wird die Endlichkeit des Budgets bewusst und sie können besser verstehen, wenn du sagst, dass dies oder jenes jetzt nicht gekauft werden kann.

Belege & QUITTUNGEN

Wenn du nun auch in deine Quittungen und Kassenbons mehr Ordnung bringen möchtest, kannst du diese künftig direkt mit in den Umschlägen bzw. Taschen aufbewahren.

Auf diese Weise erhältst du am Ende des Monats dank der Quittungen einen noch besseren Überblick über deine Ausgaben und kannst anhand einzelner Produkte nochmal prüfen, ob die Ausgabe den Preis wert war oder ob du künftig anders entscheiden möchtest.

Wenn du einen Ringplaner nutzt, kannst du dir auch ein Extra-Fach basteln, um die Quittungen zu sammeln – und ggf. auch einfach monatweise alle Quittungen aufbewahren. Hier ein Fotokarton in A4 hochkant zugeschnitten für einen A6-Ringplaner. Bei 12 cm Höhe entsteht die Knickkante, der Streifen sollte etwa 10,5 cm breit sein.

Noch einen Schritt weiter:

Kaufst du etwas, wofür du zwecks Garantie die Quittung aufheben möchtest, dann nutze dafür eine Extra-Tasche. Ebenso kannst du die Kassenbons für mögliche Cashback-Erstattungen gesondert aufbewahren, falls nochmal eine Nachfrage dazu kommen sollte – dann brauchst du nicht lange suchen.

Hier eine Vorlage für einen A5-Ringplaner.

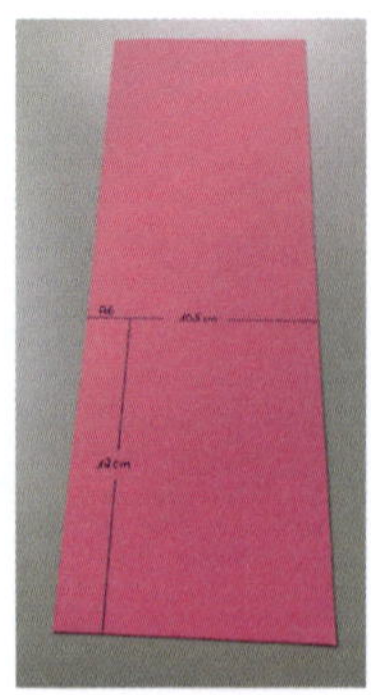

Monatsabschluss

Der Monat ist rum und der Kassensturz steht an – was ist gut gelaufen, wo hast du ggf. mehr Geld ausgegeben als geplant, und was stellst du mit dem Geld an, das noch übrig ist?
Jetzt zahlt es sich aus, wenn du eine eigene Spalte in der Monatsübersicht für die tatsächlichen Ausgaben eingeplant hast. Hast du vielleicht noch zusätzliche Einnahmen durch Verkäufe oder Cashback erhalten? Oder eine Prämie oder Sonderzahlung?

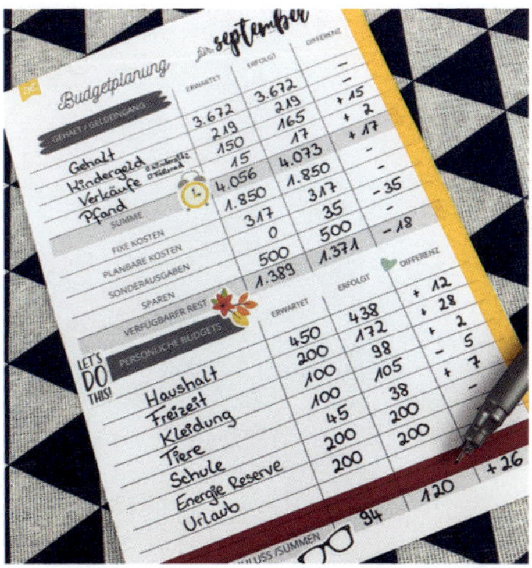

Wurde evtl. etwas an den fixen und planbaren Kosten angepasst?
Wieviel Geld ist in deinen Budgets jeweils übriggeblieben oder wo musstest du extra Geld ausgeben?
Und wie ist dein Kontostand am Ende des Monats?

Sparspiele & CHALLENGES

Was braucht man FÜR EIN SPAR-SPIEL?

AUFBEWAHRUNG

Wenn du auch gerne siehst, wie dein Geld »wächst«, nutze ein leeres Marmeladen- oder Einkochglas als Spar-Glas. Oder eine ungenutzte Vase.
Wenn es dir gar nicht recht ist, wenn Geld sichtbar »herumsteht«, dann kannst du so ein Glas auch mit Acrylfarbe bemalen oder einfach eine Schachtel umfunktionieren.

ÜBERLEGUNG: WAS IST FÜR MICH PRAKTIKABEL

Sparspiele machen nur Sinn, wenn du sie auch umsetzen kannst und sie für dich Sinn ergeben.
Wenn du z. B. keine Extra-Euros im Monat übrig hast, macht es keinen Sinn, ein Sparspiel zu spielen, bei dem du jeden Tag oder jede Woche extra Geld zur Seite legen musst.
Oder wenn du selten Bargeld im Haus hast, plane deine Spar-Ergebnisse in die Budgetplanung des nächsten Monats ein, statt dich gezwungen zu fühlen, Kleingeld für die Challenges zu organisieren.
Kurz: Spiele Sparspiele so, wie sie dich deinen Zielen näherbringen und in dein Leben passen.

Und noch ein Tipp:

Drucke A4-Bögen in halber Größe aus, dann kannst du sie in A5-Ring-Planer heften oder in ein A5-Buch kleben.

Ausgaben REDUZIEREN

ENERGIE-SPAR-BINGO

Das Thema Energiesparen ist aktueller denn je. Also warum nicht ein Spiel daraus machen?
Auch super für die ganze Familie geeignet. Was fällt dir/euch denn besonders schwer? Licht ausmachen, den Kühlschrank möglichst kurz öffnen oder das Wasser beim Einschäumen in der Dusche abstellen? Mit einem Bingo-Spiel lassen sich alle Familienmitglieder gerne herausfordern.

Wie man damit spart? Du hörst das Geld nicht gleich klimpern, aber dadurch schulst du deine Sinne dafür, auf diese Kleinigkeiten zu achten, die deine Energiekosten ungesehen in die Höhe treiben. Nutze gerne die fertige Vorlage oder erstelle ein individuelles Spar-Bingo und fordere dich jeden Tag des Monats neu heraus.

PIZZA-SPAREN

Um dich zu motivieren, eine bestimmte Sache anders zu handhaben, kannst du dir auch genau dafür eine Challenge erstellen.

Hier als Beispiel das Pizza-Sparen: Jedes Mal, wenn du Essen selbst kochst, statt zu bestellen, darfst du eine Pizza ausmalen. Jede Pizza steht für einen Euro-Betrag, den du dann für dich zur Freude nutzen kannst, statt damit den Lieferdienst zu bezahlen. Du kannst dafür die Differenz zum Lieferdienst ausrechnen, wenn du ganz genau wissen willst, wieviel du gespart hast.

Natürlich kannst du diese Art der Challenge auch für andere Themen nutzen, z. B. für Wäscheaufhängen statt Trockner oder wenn du statt dem Auto das Fahrrad nutzt.

SPRIT-SPAREN

Gerade beim Thema Auto kannst du dich für kostengünstigere Alternativen belohnen.
Wenn du ein Auto hast, weißt du sicher in etwa, wieviel Benzin du pro 100 Kilometer verbrauchst. Rechne mit den aktuellen Benzinkosten aus, wieviel dich ein Kilometer kostet.

Wenn du dich jetzt selbst herausforderst und Wege statt mit dem Auto zu Fuß oder mit dem Fahrrad zurücklegst, miss diese Strecken z. B. mit deinem Smartphone oder eine Tracker-Uhr (oder nutze einen Online-Routenplaner / App). Jetzt darfst du dir jeden Kilometer in der Säule markieren und am Ende des Monats kannst du dir den ersparten Betrag aus deinem Tank-Budget auszahlen und etwas Schönes damit anstellen.
Schaffst du es, im nächsten Monat deine Zahl noch zu erhöhen?

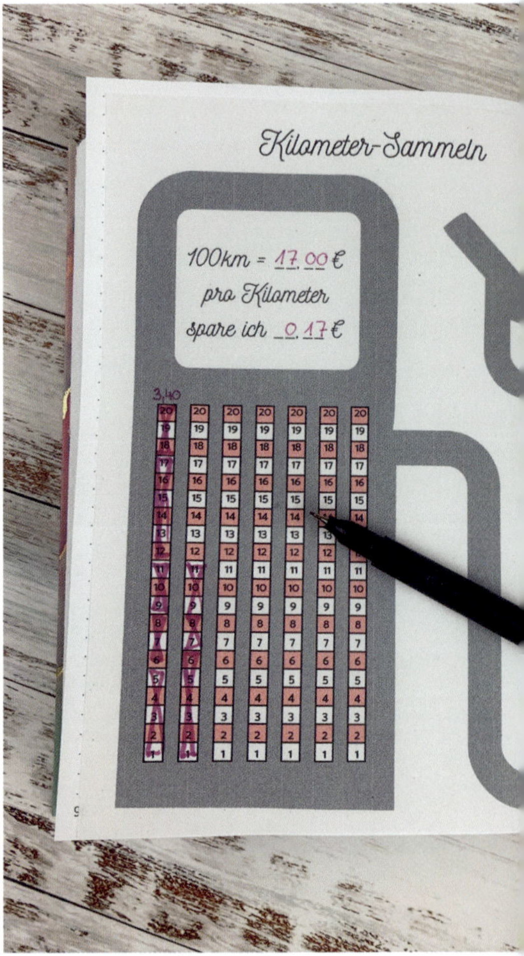

Motivations-SPAREN

GESUND ESSEN

Fällt es dir beizeiten schwer, auf eine gesunde Ernährung zu achten – oder möchtest du dich einfach dafür belohnen?

Hänge dir dazu einen Bogen an den Kühlschrank oder nutze ein Foto als Handy-Hintergrund und erinnere dich an dein Ziel. Für jeden Tag, an dem du an deinem Ziel gearbeitet hast und drangeblieben bist, darfst du dir als Belohnung einen Betrag zur Seite legen.

Mehr bewegen

HABIT TRACKER

Wir lieben dieses Spiel, weil es sehr individuell und auch gemeinsam genutzt werden kann.

Ob du dir mehrere einzelne Ziele setzt oder jeder für sich ein eigenes Ziel setzt, hier kannst du diverse Ziele im Monat festhalten. Natürlich auch, wenn es nicht ums Geld geht.

Für die finanzielle Belohnung kannst du einen Wert je erfolgreichem Tag festlegen und am Ende des Monats zählen, an wie vielen Tagen das jeweilige Ziel erreicht wurde.

PUTZ-MICH-REICH – DIE HAUSARBEITS-CHALLENGE

Wer möchte nicht gerne für langweilige Hausarbeit belohnt werden? Genau dafür ist diese Challenge gedacht.

Du kannst einfach für bestimmte Arbeitsschritte Geld zur Seite legen (z. B. 0,50 EUR pro Waschladung) und damit z. B. für Energiekosten vorsparen.

Oder du belohnst dich selbst für deine Arbeit und nutzt das Geld für persönliches Vergnügen – das motiviert natürlich noch mehr zu dieser Challenge!

Und wenn du weitere Bewohner zu Hause hast – wie wäre es damit, die Aufgaben zu verteilen? Jeder erhält eine eigene Stift-Farbe, um die getane Arbeit zu vermerken.
Oder du druckst den Bogen mehrfach aus und es gewinnt, wer die meisten Dinge erledigt hat.

Werte SPAREN

KLEINGELD ODER SCHEINE (ALLES UNTER 1 EUR, 5 EURSCHEINE – GLÜCKSGLAS)

Familie

Bei uns hat es damit angefangen, dass man für Campingplätze besonders die 50-Cent-Münzen brauchen kann, bei manchen fürs Duschen, bei manchen, um die Waschmaschine zu füttern.
Daraus ist entstanden, dass alle 50-Cent-Stücke beiseitegelegt werden.
Und von einer lieben Bekannten haben wir die Idee bekommen, 5-Euro-Scheine zu sammeln und gedreht in einem Glas aufzubewahren.

Hier kommen schnell größere Summen zustande und lassen sich toll zu besonderen Erlebnissen nutzen.

GELDNOPOLY

Familie

Vielleicht kennst du das Brettspiel, an das diese Spar-Challenge angelehnt ist. Du brauchst einen Würfel und z. B. eine Büroklammer als Spielfigur.
Du wanderst die gewürfelte Augenzahl auf dem Spielfeld entlang und sparst den jeweils angezeigten Betrag.

Es gibt bei diesem Spar-Spiel keinen festen Zielbetrag, daher ist sie eher für ungeplanten Spaß gedacht – z. B. um das Taschengeld für den nächsten Urlaub aufzufüllen, oder du gehst davon im Sommer mit deinen Kindern Eis essen. Natürlich kannst du mit der Sparsumme auch deine Rettungskasse auffüllen ...

Es bleibt dir überlassen, wie oft du würfeln willst oder wie oft im Monat. Vielleicht magst du dir dafür einen festen Wochentag überlegen.

WÜRFEL-CHALLENGE

Familie

Für diese Challenge benötigst du einfach nur normale Würfel – oder Sonderwürfel, wie es sie für Rollenspiele gibt.

Diese Challenge lässt sich auf viele Weisen spielen:
Du kannst die Augen in Cent sparen und z. B. täglich würfeln. Oder in Euro sparen und z. B. nur einmal die Woche würfeln. Spare die gewürfelten Augen. Damit wird die Höhe der Sparsumme ungewiss. Oder erstelle einen Bogen mit Zahlen und würfele so lange, bis du eine freie Zahl auf dem Bogen wirfst. Hierbei ist dann klar, dass du die Summe aller Felder ansparen wirst.

WOCHEN-SPAREN: 52-WOCHEN-CHALLENGE

Bei dieser Challenge geht es darum, jede Woche einen kleinen Betrag zu sparen – um nach einem Jahr 1.378 EUR im Umschlag zu haben. Es ist dabei egal, in welcher Reihenfolge du die Beträge ansparst.

Alternativ könntest du auch einen festen Betrag für jede Woche des Jahres beiseitelegen – dann ist das Ergebnis natürlich ein anderes.

Nutze gern unsere Druckvorlage, um dir einen eigenen Umschlag zu gestalten.

100-UMSCHLÄGE CHALLENGE

Bei diesem Spar-Spiel benötigt man 100 Umschläge (alternativ einen Umschlag mit 100 Feldern). Die Umschläge werden mit Werten von 1 € – 100 € beschriftet.
Dieses Spar-Spiel hat keine zeitliche Bindung, aber du kannst dir einen Rhythmus überlegen. Jede Woche ein Umschlag. Oder du könntest unverbrauchte Euros aus deinen Budgets am Ende des Monats auf die Umschläge aufteilen. Alternativ kannst du auch immer dann die Umschläge besparen, wenn du z. B. extra Geld eingenommen hast (Geburtstag, Trödelmarkt, ...).

Kreative Idee: Postkarten mit motivierenden Sprüchen aufkleben und den gerade besparten Spruch als neues Wochen-Motto nutzen.

Oder: Für jeden gesparten Umschlag die Postkarte vom Umschlag abnehmen (vorher nur lose mit Tesafilm ankleben) und die Karte z. B. in der Küche aufhängen.
Wenn alle Umschläge gefüllt sind, hast du 5.050 € gespart!

SPARTRIS

Familie

Kennst du dieses Spiel noch? Unterschiedliche Formen müssen so zusammengesetzt werden, dass eine volle Reihe entsteht.

In diesem Spiel geht es darum, eine Form zu finden, die gut in das vorhandene Spielfeld passt. Jede Form hat dabei einen eigenen Wert. Die Form, die du besparen kannst, malst du farbig aus und legst das Geld in dein Glücks-Glas.
Für ganze gesparte Reihen oder wenn alle Felder eine Farbe gespart sind, gibt es einen extra Bonus. Das Geld muss dann natürlich ebenfalls in die Budgetplanung einfließen.

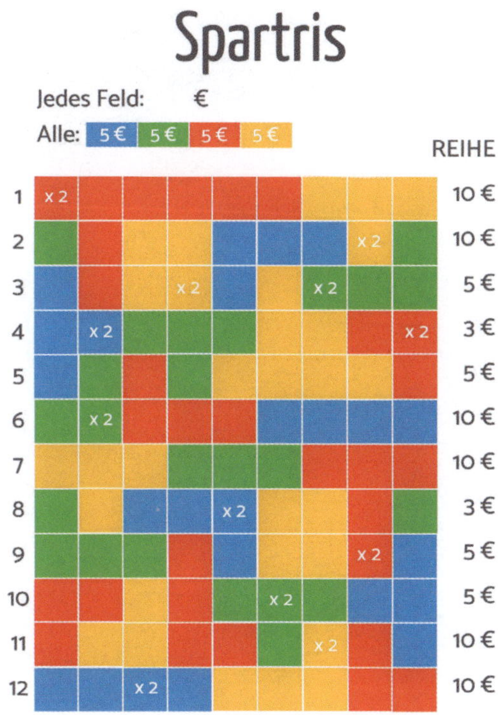

ZAUBERSCHWEIN-SPAREN

Familie

Die Spar-Challenge für Freunde von Zauberwesen!

Diese Challenge ist darauf ausgelegt, dass zum Ausmalen des Bildes Beträge gespart werden. Du kannst also auch ein eigenes Bild aufmalen und den einzelnen Feldern Werte geben.

In unserer Vorlage des Zauber-Schweins haben wir Werte von 2, 5 und 10 EUR gewählt. Sind alle Felder ausgemalt, sind 100 EUR im Umschlag (oder Spar-Glas).

Damit auch deine Kinder diese Vorlage (mit anderen Beträgen) nutzen können, haben wir in den Druckvorlagen auch eine Variante ohne Beträge für dich.

LOSE ZIEHEN

Lose ziehen mag doch jeder gerne. Ob du sie in kleine Kapseln rollst oder einfach kleine Zettel faltest, bleibt natürlich dir überlassen.
Es soll einfach Spaß machen und etwas Nervenkitzel dabei sein.
Ob du auf die Lose wieder Beträge schreibst wie bei den Rubbellosen oder sie dafür nutzt, sparsame Lebensweisen im Alltag mehr zu beachten (z. B. könntest du typische Fehler aufschreiben, die dich täglich Geld kosten und jeden Tag ziehst du ein Los und achtest an diesem Tag ganz besonders darauf, dieses teure Verhalten abzulegen).
Du könntest z. B. Strom-Spar-Tipps wie »Mach in jedem Raum das Licht aus, wenn du ihn verlässt« aufschreiben. Oder du packst deine sparsamsten Rezepte auf Lose und jede Woche wird ein Tag zum »Spar-Menü«-Tag.
Und mal nebenbei: Du könntest auch die Hausarbeit mit den Losen an die Familienmitglieder verteilen ;-).

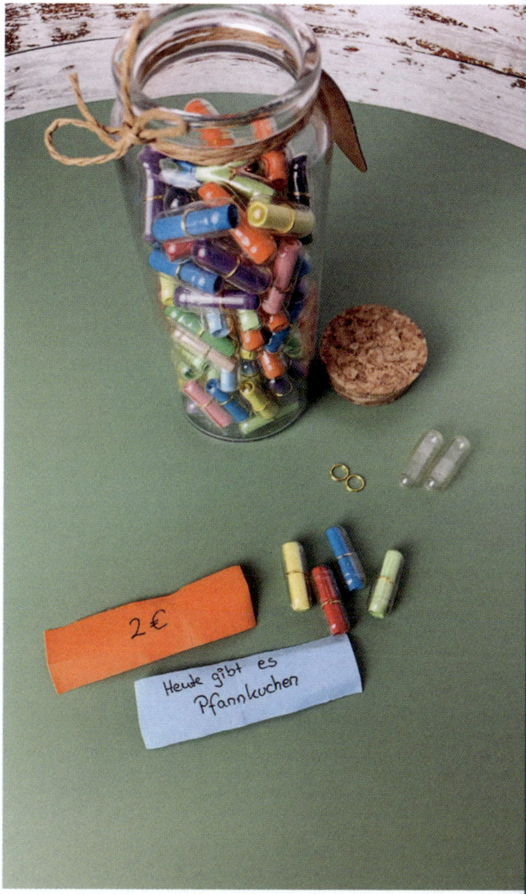

Familie

Zielsparen

Uns fällt es besonders leicht, Geld anzusparen, wenn wir wissen, wofür wir diese Summe zur Seite legen.

URLAUBSGELD ANSPAREN

Urlaub ist immer ein schöner Grund, mach es dir besonders schön, indem du den Umschlag bunt gestaltest. Du kannst auch Bilder deines Urlaubszieles ausdrucken und auf den Umschlag kleben.
Für besonderen Spaß beim Sparen kannst du dir auch ein Spar-Chart zum Ausmalen ausdrucken und bei jedem Spar-Schritt ein weiteres Feld bunt ausmalen.

Anschaffungen ANSPAREN

ANSCHAFFUNGEN ANSPAREN

Es soll eine neue Couch her oder deine Kids wünschen sich ein Baumhaus?

Nutze eine linierte Seite, um dein Sparziel grob aufzuzeichnen, und zähle die Linien. Teile den Kaufpreis durch die Anzahl der »Reihen«. Immer wenn der entsprechende Sparbetrag ins Glücksglas wandert, darf eine Zeile farbig gemacht werden. Wenn du oben angekommen bist, ist das Geld für dein Ziel vorhanden.

Tipp:
Such dir ein Bild online heraus und zeichne es z.B. am Tablet nach, wenn du nicht gut freihand zeichnen kannst.

RETTUNGSKASSE ANSPAREN

Die Rettungskasse soll dich bei unvorhergesehenen Ausgaben »retten«. Ziel ist es, eine bestimmte Summe beiseitezulegen, an die du im Notfall herankommst. Ob du wie im Beispiel 1.000 EUR sparst oder einen anderen Betrag, für beide Varianten findest du eine Druckvorlage in den Dateien.

Statt die Scheine bunt anzumalen, kannst du z. B. kleine Aufkleber nutzen, um zu markieren, dass du den Betrag angespart hast.

Diesen neutralen Chart kannst du natürlich auch für andere Sparziele nutzen. Da es so viele Scheine sind, sind die einzelnen Summen sehr klein.

PUZZLE-SPAREN

Familie

PUZZLE DRUCKEN LASSEN – JEDES TEIL EIN WERT

Das Puzzle-Sparen wird besonders individuell mit einem Bild deines Sparziels. Diese Spar-Challenge ist für große, lange anzusparende Ziele geeignet (oder um den Erfolg bei der Abzahlung eines Kredits zu verfolgen – z. B. vom Haus oder Auto).

Hier ein Beispiel eines Sparziels:
Du planst eine große Rundreise. Suche dir ein ansprechendes Bild heraus (z. B. im Internet oder auf der Seite des Reiseveranstalters) und lass es als Puzzle drucken. Die Kosten der Reise teilst du durch die Anzahl der Puzzleteile. Jedes Mal, wenn du diesen Betrag in deinen Reiseumschlag sparst, darfst du ein Puzzleteil heraussuchen und ansetzen. Am besten funktioniert das, wenn du einen passenden Hintergrund (z. B. aus Pappe) als Basis nutzt und das neue Puzzleteil aufkleben kannst. So könntest du dein Sparziel z. B. an der Wand aufhängen und dich daran erfreuen, wie sich langsam das ganze Bild zusammensetzt.

Damit du nicht unbedingt das Geld für ein Puzzle ausgeben musst, haben wir dir eine Druckvorlage mit Puzzleteilen erstellst, die du in ähnlicher Weise nutzen kannst.

ÜBERRASCHUNGS-SPAREN

Eine spannende Spar-Idee ist die mit den Rubbelfeldern.

Du legst vorab fest, welche Sparziele die einzelnen Bilder haben, und versteckst sie unter Rubbelfeldern. Dafür gibt es Aufkleber zu kaufen, die du direkt auf das Blatt kleben kannst.
Alternativ kannst du Rubbelfelder selbst herstellen. Dazu das Blatt in eine Klarsichthülle schieben. Dann mischt du Acrylfarbe und Spülmittel (2 Teile Acrylfarbe, 1 Teil Spülmittel) und malst auf der Folie die Felder an. Eventuell musst du nach dem Trocknen das Ganze wiederholen.

Jetzt kann zum Beispiel jeden Sonntag ein Feld freigerubbelt werden – oder jeden Tag im Monat. Der vorher festgelegte Betrag geht dann an dieses Sparziel. Das ist ebenfalls eine tolle Spar-Idee für die ganze Familie, vor allem, wenn jeder sein eigenes Sparziel auswählen darf.

Weitere CHALLENGE-IDEEN für die ganze Familie

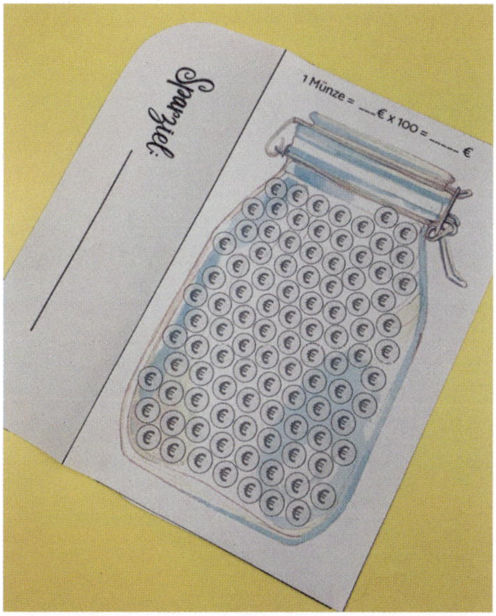

WETTER-SPAREN

Willst du das gute Wetter locken? Dann spiele Wetter-Sparen.
Dazu entscheidest du, welchen Betrag du bei welchem Wetter sparen wirst. Z. B. 2 EUR bei gutem Wetter, 1 EUR bei schlechtem Wetter. Da macht der Blick aus dem Fenster gleich noch mehr Spaß.

Diese Sparchallenge lässt sich auch mit kleinen Kindern gemeinsam spielen. Lass sie das Wetter aufmalen (oder male vor und lass sie ausmalen) und stell dazu ein Sparglas auf, in das sie das Geld geben dürfen.

GLÜCKSGLAS

Ein Glücksglas ist einfach immer eine gute Idee, um ein Sparziel zu besparen. Wähle den Wert einer Münze und spare los.

WEIHNACHTS-SPAREN

Da Weihnachten für viele eine sehr teure Jahreszeit ist, lohnt es sich, mit einer Spar-Challenge die Kosten schon mal vorzusparen. Darüber haben wir ja schon gesprochen.

Mit dieser Challenge kannst du aber auch z.B. neue Deko ansparen. Sagen wir, du möchtest mal auf einen anderen Baumschmuck umsteigen oder es ist einfach schon vieles kaputtgegangen. Dann spare doch mit dieser Idee für neue Kugeln & Co.

Ich nutze dabei gerne eine digitale Vorlage, dann wird das Ergebnis »hübscher«, als wenn ich frei Hand male.

KINO-SPAREN

Familie

Wenn dich Kino-Besuche finanziell aus der Ruhe bringen, nutze unsere Vorlage für das Vorsparen eines entspannten Film-Abends.

Mit dieser Vorlage kannst du nicht nur die Eintrittskarten vorsparen, sondern auch Getränke und Snacks. Teile dazu die Kosten jeweils durch die genannte Anzahl Felder. Zum Beispiel: Ein Getränk kostet etwa 4 EUR, ihr wollt zu dritt ins Kino = 12 EUR – geteilt durch die Anzahl Eiswürfel entspricht der Sparbetrag je Eiswürfel 1 EUR.

Und was ist, wenn zum Kinobesuch nicht alle Eiswürfel gespart sind? Dann teilt ihr euch ein Getränk – oder verzichtet aufs Popcorn.

Übersicht
VORLAGEN

DRUCKVORLAGEN

Budgetplanung
Jahresübersicht
Fixe Kosten
Planbare Kosten
Sparziele

Monat
- Ausgaben als Kalender
- Budgetplanung
- Ausgaben-Tracker
- Monatsabschluss

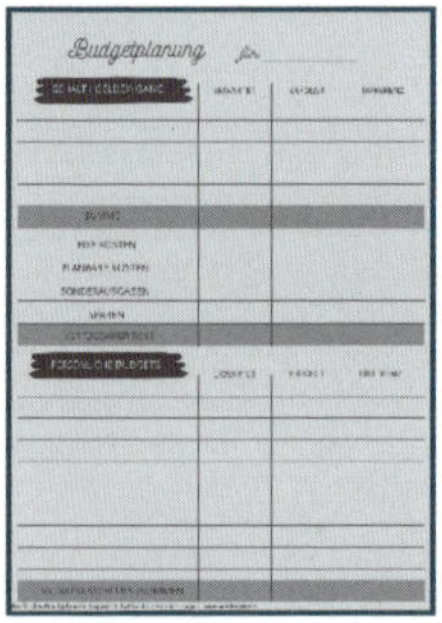

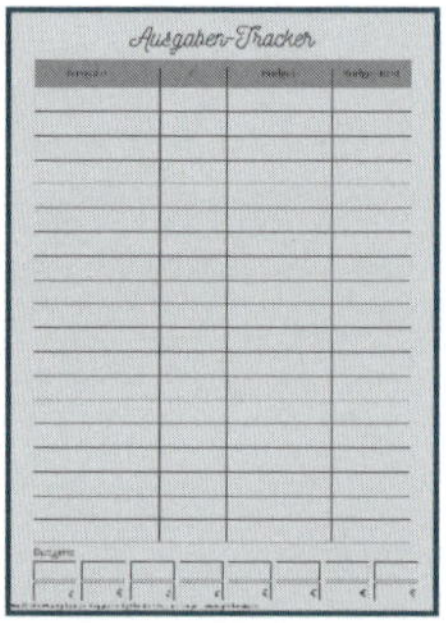

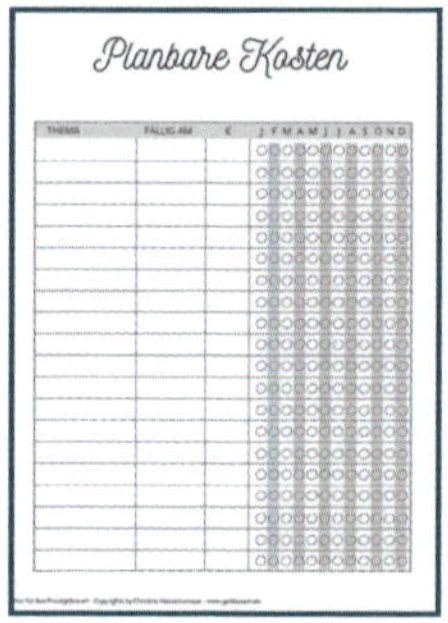

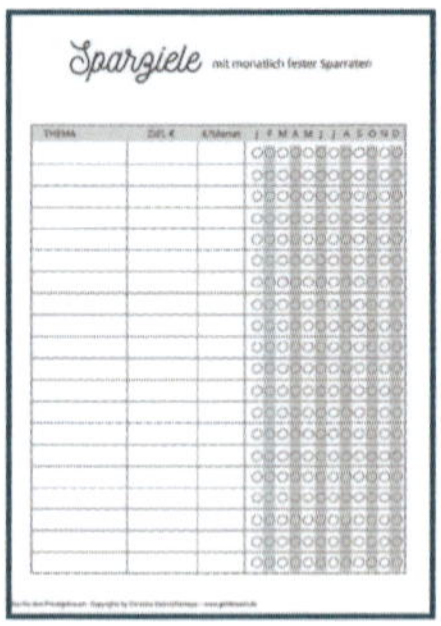

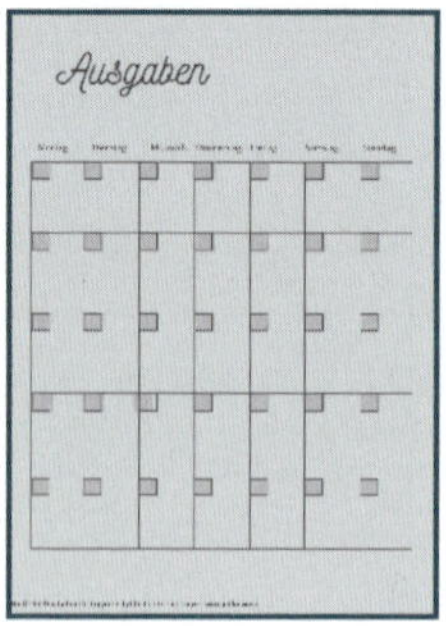

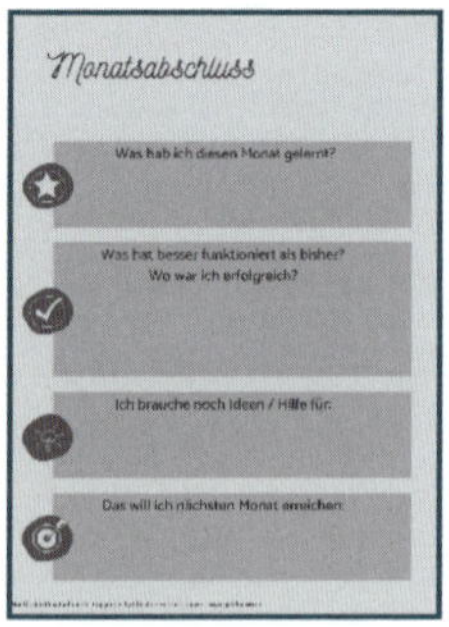

UMSCHLÄGE & ZIPPER-EINLAGEN

Budget-Umschläge

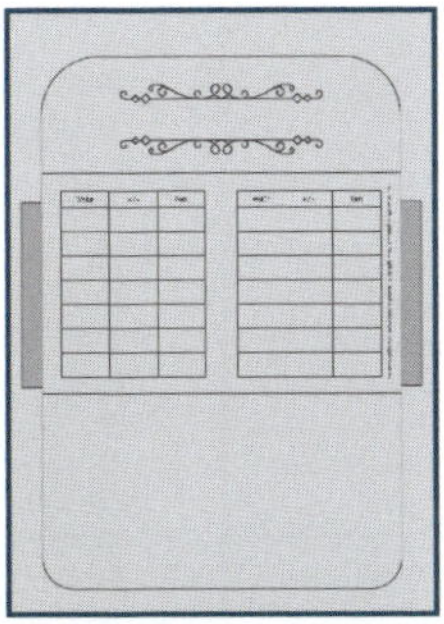

Zipper-Einlagen

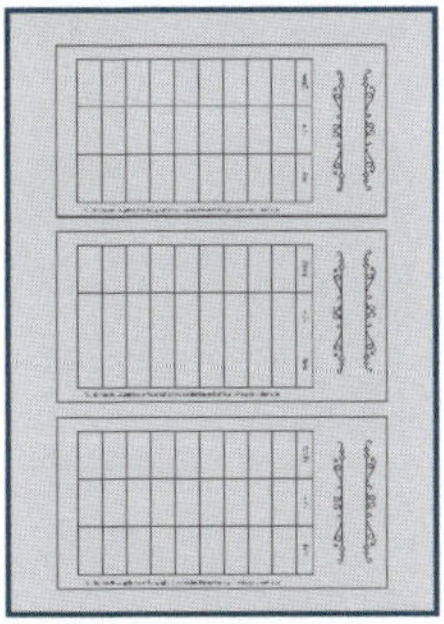

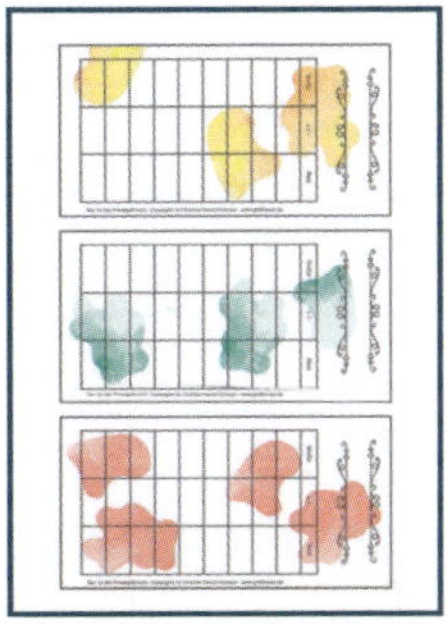

Scheine

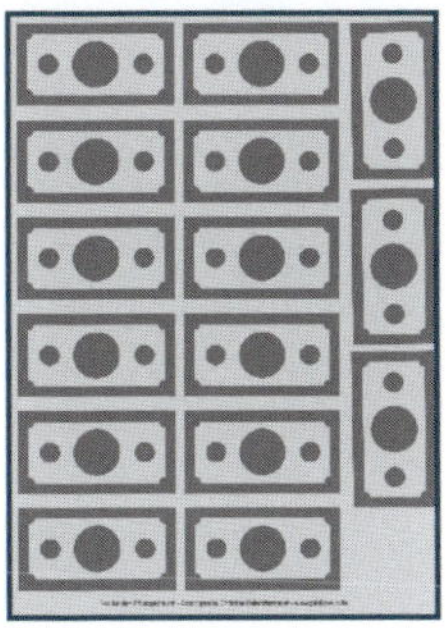

Weitere Varianten im Download

CHALLENGES

Vorlagen A4, als Umschläge und/oder Zipper-Einlagen

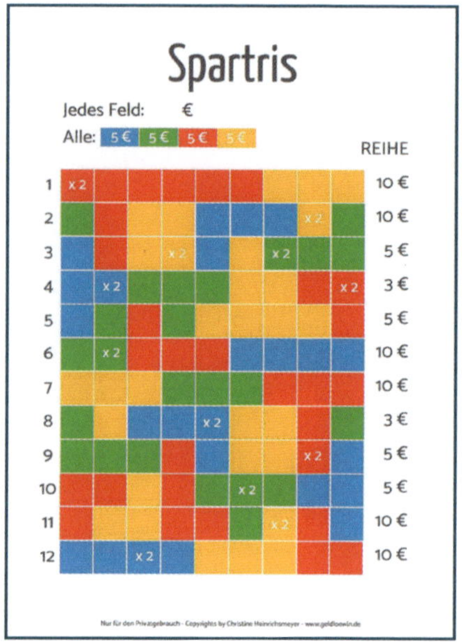

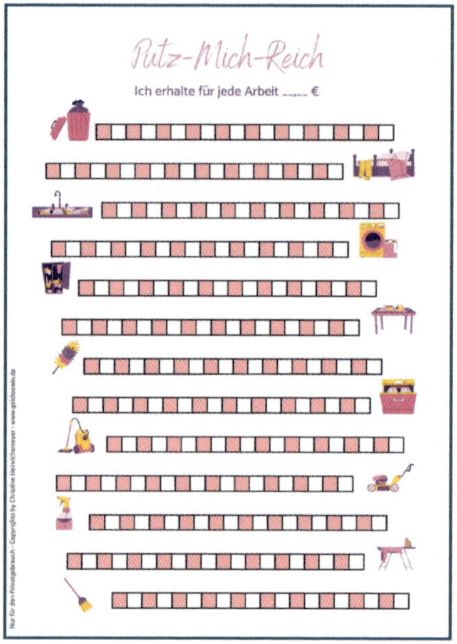

Als **Christine Heinrichsmeyer** 1983 geboren wurde, fielen an diesem Tag Valentinstag und Rosenmontag zusammen. Ihrer Meinung nach ist das der Grund für ihre quirlige und romantisch-kreative Ader.

Als Bankkauffrau ausgebildet, hat sie früh gemerkt, wie wichtig eine gute Finanzplanung ist. Aber erst persönliche Schicksalsschläge haben sie dazu geführt, auch über das Wohlbefinden mit den eigenen Möglichkeiten nachzudenken. Ihr Ziel ist es seither, unbewusste Ausgaben zu vermeiden und mit dem vorhandenen Geld mehr Wert und Freude in das eigene Leben zu bringen.

Seit 2019 als Geldlöwin bekannt geworden, gibt sie u.a. auf ihrem YouTube-Kanal und in ihren Kursen, Coachings und Planern/Vorlagen praktische Tipps und Motivation weiter, sich mit Spaß und Kreativität mit den eigenen finanziellen Mitteln auseinanderzusetzen, die Haushaltskasse und das Ausgabeverhalten zu hinterfragen, und sie zeigt Wege auf, auch in angespannten Zeiten entspannt im Plus zu bleiben und »Jedem Euro einen Sinn zu geben«.

Mit ihrer spritzig fröhlichen Art bringt sie frischen Wind in das Thema Geld und reißt so auch Planungsmuffel mit.

Christine lebt mit ihrer Familie am Niederrhein, genießt die gemeinsamen Campingurlaube, zeichnet und lacht gerne und hat eine Schwäche für Kaffee.

Die Geldlöwin findet man unter diesem Schlagwort auf YouTube, Facebook, Instagram und ihrer eigenen Webseite www.geldloewin.de

#TOPPPROJEKT

Die eigene Kreativität zeigen: TOPPprojekt mit anderen Kreativen teilen und Teil der Gemeinschaft werden.

DIY-begeistert und auf Instagram? Dann unbedingt mitmachen! Hier gibt's Tipps und Feedback zu den eigenen Projekten. Außerdem verlosen wir jeden Monat ein Überraschungspaket. Um am Gewinnspiel teilzunehmen, einfach ein Bild vom Kreativ-Projekt aus unseren Büchern mit #TOPPprojekt posten und unserem Account @frechverlag folgen. Mehr Infos auf TOPP-kreativ.de/TOPPprojekt

Website
Auf TOPP-kreativ.de kannst du ein riesiges Angebot von über 1.000 Kreativbüchern, Sets & mehr entdecken.

Newsletter
Gleich anmelden unter: TOPP-kreativ.de/newsletter und immer als Erstes von unseren Neuheiten und Sonderaktionen erfahren.

Instagram
@frechverlag

Pinterest
pinterest.com/frechverlag

Facebook
facebook.com/frechverlag

DigiBib
Hier findest du zusätzlich zu vielen unserer Bücher digitale Extras, wie Video-Tutorials, Plotter-Dateien, Vorlagen, Übungsblätter & vieles mehr. Einfach im Impressum deines TOPP-Buchs den Freischalte-Code nachschlagen und exklusive Inhalte freischalten. TOPP-kreativ.de/digibib

Youtube
youtube.com/frechverlag

Wer wir sind, wie wir arbeiten, was wir lieben ...

Auf Instagram, Facebook und Pinterest findest du mehr über uns und unsere Arbeit und wirst immer schnell und einfach mit den neuesten Infos versorgt.

Alle News, alle Infos und alle Links findest du auf www.TOPP-kreativ.de

Noch mehr zum Thema

SPAREN GESUCHT?

ISBN 978-3-7358-5078-2

ISBN 978-3-7358-5085-0

ISBN 978-3-7724-7158-2

ISBN 978-3-7358-5030-0

ISBN 978-3-7724-7166-7

ISBN 978-3-7724-4518-7

ISBN 978-3-7724-4530-9

ISBN 978-3-7724-4976-5

ISBN 978-3-7724-8159-8

Oder einfach mal

WAS KREATIVES?

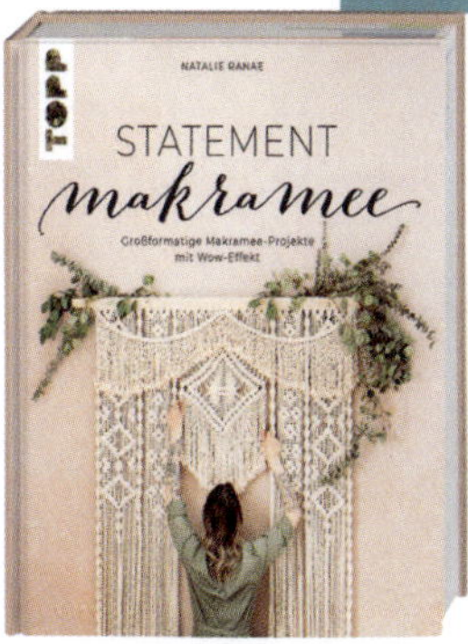

ISBN 978-3-7358-5039-3

ISBN 978-3-7358-5026-3

ISBN 978-3-7358-5119-2

ISBN 978-3-7358-5030-0

ISBN 978-3-7724-4577-4

ISBN 978-3-7358-5029-4

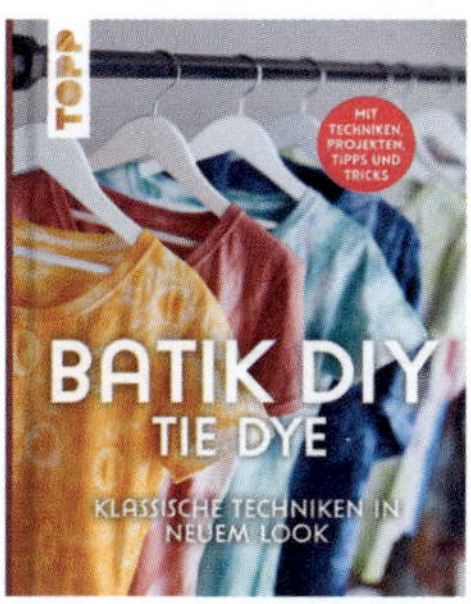

ISBN 978-3-7724-4896-6

ISBN 978-3-7358-5123-9

ISBN 978-3-7358-5063-8

Impressum

Fotos: frechverlag GmbH, 70839 Gerlingen;
Christine Heinrichsmeyer

Produktmanagement und Lektorat: Eva Schrecklinger

Layout & Satz: Dagmar Herrmann, www.two-up.de

Herstellung: Katrin Röhlig

Covergestaltung: Melanie Herrmann

Druck: POLYGRAF PRINT spol. s r.o., Slowakei

Der Download-Code für die Vorlagen aus der DigiBib lautet: 51440

MIX
Aus verantwortungsvollen Quellen
FSC® C023577
FSC www.fsc.org

Penguin Random House Verlagsgruppe FSC® N001967

1. Auflage 2023

ISBN 978-3-7358-5103-1 • Best.-Nr. 25103

TOPP – Unsere Servicegarantie

WIR SIND FÜR DICH DA! Bei Fragen zu unserem umfangreichen Programm oder Anregungen freuen wir uns über deinen Anruf oder deine Post. Lobe uns, aber scheue dich auch nicht, deine Kritik mitzuteilen – sie hilft uns, ständig besser zu werden.

Bei Fragen zu einzelnen Materialien oder Techniken wende dich bitte an unseren Kreativservice, Frau Erika Noll.

mail@kreativ-service.info
Telefon 07 11 / 123 757 20

Das Produktmanagement erreichst du unter:

pm@frechverlag.de
oder:
frechverlag Produktmanagement
Dieselstr. 5
70839 Gerlingen
Telefon 07 11 / 8 30 86 68

LERNE UNS BESSER KENNEN! Frage deinen Hobbyfach- oder Buchhändler nach unserem kostenlosen Magazin **Meine kreative Welt.** Darin entdeckst du zweimal im Jahr die neuesten Kreativtrends und interessantesten Buchneuheiten.

Oder besuche uns im Internet!
Unter **www.topp-kreativ.de** kannst du dich über unser umfangreiches Buchprogramm informieren, unsere Autoren und Autorinnen kennenlernen sowie aktuelle Highlights und neue Kreativtechniken entdecken, kurz – die ganze Welt der Kreativität.

Kreativ immer up to date bist du mit unserem monatlichen **Newsletter**.

Für aktuelle Infos, Gratis-Anleitungen und Gewinnspiele gleich anmelden unter www.TOPP-kreativ.de/Newsletter